OPEN是一種人本的寬厚。

OPEN是一種自由的開闊。

OPEN是一種平等的容納。

OPEN 1/2

時間地圖

作　　者　勞勃・勒范恩
譯　　者　馮克芸　黃芳田　陳玲瓏
主　　編　吳繼文
責任編輯　傅　凌
美術設計　張士勇　吳郁婷

發 行 人　郝明義
出 版 者
印 刷 所　臺灣商務印書館股份有限公司
地址：臺北市重慶南路 1 段 37 號
電話：(02)3116118／傳眞：(02)3710274
讀者服務專線：080056196
郵政劃撥：0000165－1 號
E-mail：cptw@ms12.hinet.net
出版事業登記證：局版北市業字第 993 號

初版一刷　1997 年 10 月
初版二刷　1997 年 10 月

定價新臺幣 220 元
ISBN 957-05-1424-8（平裝）／67460000

OPEN 1/2

A GEOGRAPHY OF TIME
時間地圖
不同時代與民族對時間不同的解釋
The Temporal Misadventures of a Social Psychologist

勒范恩
Robert Levine/著
馮克芸 黃芳田 陳玲瓏/譯

臺灣商務印書館 發行

目次

001 前言

時間帶著口音發言。每個文化都有一套獨立的時間紋路。了解一個民族，就是了解居民看待時間的價值。

第一部 時間與文化

014 第一章 生命的節奏

我們對節奏的感覺，是難以量化的。對時間，也是如此。而生命的節奏，不可單單簡化為有問題或沒問題。

040 第二章 一時片刻：心理時鐘

跟一個漂亮的女孩並坐兩小時，你會覺得只是兩分鐘；在一個熱火爐上坐兩分鐘，你會覺得那是兩小時。愛因斯坦說：這就是相對論。

068 第三章 鐘錶時間的簡史
法國大革命時期，新的曆法規定一天只有十小時。史大林時期，蘇聯曾經一星期只有五天。美國，最多曾經有過七十個時區……

102 第四章 非我族類的時間觀
今天，還是很多人不需要鐘錶，他們靠天體的運動，潮水的起伏，甚至動物的出沒來測量時間。

125 第五章 時間與權力
很奇怪，等待你的人，總不如你所等待的人那麼起眼…

第二部
時間與社會

156 第六章 國家與城市之間的比較
在全球三十一個國家的比較中，瑞士的整體節奏最快。
台灣排第七，比新加坡和美國都快……

182 第七章 時間與健康和財富的關係
生活節奏快速，和心臟病的發作，是否有一定關係？比較慢的生活步調，是否一定有助於快樂和幸福？

199 第八章 日本的特例
超越工作的唯一方法是工作。這並非工作本身具有價值……工作的真正價值來自自我否定的力量。日本人信念如此。

第三部 時間與個人

214 第九章 時間智商
時間智商，可以幫助你與不同文化的交流，也可以幫助你和身邊的愛人相處得更好，要提高時間智商，共有八堂課要上。

第十章　注意你的時間，注意你的心

我們如何組織及利用時間，最終將決定我們一生的特質與品質。人生，不過是學習如何掌控時間的過程。

前言

時間帶著口音發言。
每個文化都有一套獨特的時間紋路。
了解一個民族，就是在了解居民看待時間的價值。

雷夫金《時間戰爭》

自有記憶以來，時間就一直讓我覺得趣味盎然。就跟多數的美國年輕人一樣，最早大人教我的是：時間就只是一個由時鐘來測量的東西，秒、分、小時、天、月、年。但是當我環顧一下身邊的長者，卻發現每個人對待鐘錶上這些數字的方法，似乎都不盡相同。我很好奇，有些大人好像白天永遠都沒時間，而有些人卻彷彿擁有全世界所有的時間。我認為後者是時間的百萬富翁，也曾發誓要加入他們的行列，他們會在上班日的中午去看一場電影，或是把擔任教職七年後的那個半年長假，拿來帶著一家大小到南太平洋去玩。

做生涯規畫時，我刻意忽略同輩們對於薪水的執著關切，反而把選擇志業的標準，以工作時間和生活型態為主。我關切的是：在設定自我生活步調上，我能有多大的空間——對於我的時間，我有多少控制權？白天我能騎腳踏車嗎？作家梭羅（Thoreau）觀察的結論，就像是說出了我的想法：「感受生活的品質，那是藝術的最高境界。」我選擇當大學教授，這個工作有我冀求的時間機動性。而我也很幸運地，所學專長是社會心理學，這門學科讓我能夠探尋自幼深感著迷的時間本質。

追溯起來，我對時間的科學追索之旅，始於我入行初期的一次經驗。在那之前，我的研究重點都放在當時社會心理學界最熱門的行為屬性理論（attribution theory）。當時我的實驗陷入相當技術性的問題中，例如：男女兩性在詮釋成功和失敗時有些什麼不同；哪些情況導致某些人將其成功歸因於外在因素；一個人的自信如何影響其歸因模式。你可以想像，這些就是當時我們學術圈最熱門的研究題目，但當我對朋友描述這些內容時，卻不得不注意到他們一臉茫然呆滯、不知所云。

巴西開始的故事

我對這些技術性問題的興趣，在一九七六年夏天突然戛然而止，當時我剛應巴西聯邦大學之邀，擔任訪問教授。聯邦大學在尼特洛伊市（Niteroi），那是一個中等大小的城市，隔著海灣與里約熱內盧遙遙相望。抵達尼市時，我很熱切地想親眼觀察，看看這個異地有些什麼最需要我勉力適應之處。根據自己過去的旅行經驗，我預期會碰到的困難是語言、隱私權、對清潔的要求標準等這類事項。然而結果卻是——上述那些問題跟巴西人的時間和守時觀念相較，前者所帶給我的困擾，就像是一塊小蛋糕那麼微不足道。

當然，到巴西之前，我就對巴西人有個刻板印象：拖拖拉拉、推遲不前，據說，今天該做的事，只要是有丁點可能，他們就給你拖到明天。我明白自己對於該完成的事，需要放慢速度、降低期待，但是自幼生在紐約市布魯克林區的我，偏偏是打小小年紀起，大人就教我動作快，否則就滾到一邊去。幾年前，我在加州的凡斯諾（Fresno）已學會如何在那異樣的文化中生存，就算是最懶散的洛杉磯人，到了那裡也得學會減速慢行。我在心裡盤算著：要適應巴西的生活步調，該做的不過是稍稍調整一下罷了。然而，後來的實情是：我被一股巨大的文化震撼所侵擊，其力道之強就像是遇上了一名劫機犯。

抵達巴西後，我很快地就吃到苦頭。開課那天早上，我離家的時候問了人時間，對方說是九點五分。要趕上我十點整的課，時間還很充裕。過了一陣子，據我判斷是半小時後，經過一個時鐘，我瞄了一眼，竟然是十點二十了！匆忙中，我朝教室趕去，神情悠閒的學生前來親切地打招呼：「哈囉，教授。」「你好，教授。」後來我才知道，他們多半是修我課的學生，而當我上氣不接下氣地進了教室，卻發現室內空無一人。

就像是發了瘋一樣，我出了教室，問一個路過的人現在是什麼時間，對方給我的答案是：「九點四十五分。」不，不可能。我又問了另一個。「九點五十五分。」第三個人則是拿斜眼瞟了一下手錶，自信滿滿地說：「九點四十三分整。」而附近辦公室裡的鐘是三點十五分。我學到了兩個教訓：巴西鐘錶老是不準；而這事除了我之外，沒有人在意。

我的課預定是從十點到十二點，學生們卻都是姍姍來遲。有幾個過了十點三十分才來，少數人是近十一點才出現，甚至還有兩個過了十一點才到。遲到者的臉上都掛著一派輕鬆的笑容，那是我到後來才能習慣欣賞的表情，他們每個人都會跟我問好，雖然有幾個簡短地道了歉，看起來卻沒有人對於自己的遲到感覺很不安。他們認為我明白這種習性。

一堂課兩小時，看著學生過了一小時才隨意進入教室，這對我來說，的確是個嶄新的經驗，不過，巴西人會遲到，我倒並不驚訝；真正讓我驚訝的，是那天中午下課時的情景。

在加州，我不需要看時鐘，就可以知道什麼時候是快下課了。學生們會把書本收好疊攏，他們裝模作樣的表情透著吶喊：我餓了／我好渴／我得去沖個涼／你要是再留我們一秒鐘，我就會憋死。（我發現，這種延遲下課的痛苦，對於大學部學生來說，通常到了兩分鐘就不能忍受了，而研究所學生則最多忍耐五分鐘。）

但是我在巴西的第一堂課於正午十二點結束時，卻只有極少數的學生立刻離去，其他人在接下來的十五分鐘內，慢慢地往外游移，還有幾個是過了十五分鐘還對我提問題。最後幾個學生在十二點三十分才離去時，輪到我開始那套餓了／渴了／要去沖涼／要憋死的求饒表情了。（老實說，我不能把他們的徘徊歸因於我出色的教學風格，因為其實我只不過是用我一口結結巴巴的葡萄牙文，給他們上了一堂統計學。請原諒我，各位同學。）

為了要了解我學生的行為，我和系主任約好第二天早上十一點碰面聊聊。隔天早上我準時抵達系主任辦公室，主任和她的秘書都不在。事實上，我還得自己打開候客室的燈，看看雜誌——那裡有本一年前的《時代週刊》，還有本三年前的《運動畫刊》。

十一點三十分，秘書來了。她跟我說了聲哈囉，問我是否想喝杯巴西傳統的咖啡（一半是濃咖啡、一半是糖，就我所見，每個喝完這種咖啡的人都變得像是腳在地上生了根，不想再移動半步），然後就走了。十一點四十五分，系主任來了，她同樣問我要不要喝傳統咖啡，問完就出去了。十分鐘後她回來了，坐在她的辦公桌前，開始看一疊給她的郵件。

到了十二點二十，她終於把我請進了她的辦公室，對於讓我久等，她隨便地道了個歉，跟我閒聊了十分鐘，然後說，請我原諒她得先走一步，「趕赴」下一個已經遲到的約。後來我才知道，這全非謊言，在同一時間跟一大堆人訂約會面，然後全都遲到，這是她的習慣，顯然她很喜歡訂這種約。

那天下午，我和幾個修我課的學生排定了一次會談。當我走進我的「研究室」時，有兩個學生已在那裡，舉止輕鬆得像是在他們家一樣。對於我遲了幾分鐘，他們似乎是絲毫不介意，事實上，他們根本不急著開始進入正題。其中一個學生把腳蹺到我的書桌上，一邊翻看他的《運動畫刊》（我注意了一下，這一本的出版時間可只是三個月前）。

會談結束後十五分鐘，我站了起來，跟兩位學生解釋道，我還有約，請他們離開。那兩個學生還是不動如山，同時很愉快地問我：「你要跟誰約談？」待我說了兩個他們同學的名字，其中一個很興奮地報告說，他認識那兩位。這時，他急急走到門口，把一位等在候客室的同學迎進了我的研究室（另一位還未到）。然後，他們三個開始閒聊，一邊翻著《運動畫刊》。等那遲來的第二位同學逛進來時，已經是會談預定結束前的五分鐘，這時，我已經弄不清到底誰先來、誰後來、我該跟誰談——我最後才學到：這些才是我該學會的。

當天最後一個約談，會面對象是我想承租公寓的房東。這一回，我以為我可以拿捏得很好。一到會面地點，我就問他的秘書：我還得等多久？秘書說，她老闆總是遲到。「會遲到多久？」我問。「半個小時，先生。」她答。要不要來杯傳統咖啡？我婉拒了，並告訴她，我出去走走，二十分鐘後回來。待我回來時，女秘書說要再等一陣子。我又出去，十分鐘後回來時，秘書說，房東等我等得不耐煩，所以先回家了。我臉色大變，要她給我房東留個話時，她解釋道，我這樣做只會讓房東不得不放棄把房子租給我。「你難道不明白嗎？他是房東，而你不是。勒范恩先生，你真是傲慢。」那是我最後一次在候客室裡，嘗試對付一個愛遲到的巴西人。

那一年在巴西，對於巴西人所顯現的社會時間觀念和習俗，我一再碰上這種狼狽、沮喪、新奇又迷亂的例子。巴西人的守時法則讓我混淆，這一點我很快就找到了原因——這種習慣跟他們的文化價值是密不可分的。而當我們進入文化網絡時，永遠不必指望有什麼乾脆或明確的答案。文化信仰就像是我們呼吸的空氣，大家把它看成理所當然，很少討論，也幾乎不曾說個清楚，但是如果有人違背了這些不成文的規矩，又會受到一發不可收拾的回應。毫無戒心的外地人如我者，因此就會走進滿布危機的文化地雷區。

沒有其他哪種信仰，會像時間一樣，更為根深柢固、深藏不露。大約三十年前，人類學家霍爾（Edward Hall）把社會時間法則（rules of social time）稱為「沉默語言」（silent language）。對於寂靜的語言，兒童只能捕捉住當下社會中對於早和晚、等待和趕忙、過去現在和未來這些概念。沒有一個辭典，可以為兒童精確地定義這些字眼，而對於那些處在新環境、不同時間概念中的陌生人來說，也沒有這樣一本辭典，好讓他們不再蹣跚於令人激怒的模稜兩可中。

巴西這個地方讓我深刻地明白：時間會說話，但是要知道它到底在說什麼，卻不是件簡單的事。做了幾個月的時間愚人之後，我首度設計了一個有關時間的實驗，企圖去了解巴西人對於「守時」的信仰和規範。這個實驗起初讓我很失望，但後來讓我很滿意，它所激發出來的問題，遠比找出來的答案還多。讓我覺得最有趣的是：我發現自己在之後的二十年中，絕大多數時間都花在持續研究時間心理學（psychology of time）和地方心理學（psychology of places）上。我的研究從早期有關守時的概念，深入到後來更廣泛的生活步調，更進一步提出「生活步調對居民身心幸福及其社區的影響」這類的問題。這份工作讓我走過許多美國城市，也跨越了世界上其他許多地方。我的經歷證實了我最早的直覺：不同的族群各自其建構生活中時間的不同概念，而這種迥然相異到處可見：各文化有所不同、各城市有所不同，即使是相鄰的兩個國家、社區或家庭，都會有所不同。最重要的是，我學會了：鐘錶上的時間，僅僅是故事的開始。

地方心理學

做為一個社會學家，大致說來，我很看重時間研究的價值，特別是研究生活步調。社會心理學這門學科的研究範圍很廣，我們不像研究個性心理學和社會學的同事（前者傾向把重點放在個人內在的機能作用，後者偏重社會團體的機能作用），我們關切的是人與人之間的取予應對，以及導引人類行為的群體因素。我們以絲毫不敢怠慢之心，研究開山祖師魯聞（Kurt Lewin）所稱呼的「生活空間」（life space）：一個人在其生存的環境中，所有行為的總和，也就是完整的九碼之地（the whole nine yards）。

下文中所報導的故事，都先假定：地方跟人一樣，有其自身的個性。我完全同意社會學家史卻斯（Anselm Strauss）的看法：「整個都會生活的複合體，可以想成是一個人，而不是一個特異的地方，而城市可以賦與其個性。」不同的地方因其自身文化和次文化而產生特色，每個地方都有獨特的時間紋路。

一直以來，我透過研究不同地理區位的時間感，來追索這種時間紋路。我的目標是：有系統地研究各地生活步調是如何地不同、彼此的差異到底有多大。歸類不同地方的社會心理，這在先天上就是一件龐雜的工作。我相信，我的責任是要盡可能地減少眾說紛云。我的目標並不是去發掘不同地方的差異，而是巨細靡遺地描述所有相異之處。從某種意義上來說，這樣的研究是對一般刻板印象的原始素材，做客觀及實證的試驗。

對一個實證研究者來說，「生活步調」這個擴及萬物、涵蘊一切的概念很有問題；它通常會把整個研究，導向令人卻步的幽暗道路。這個題目帶出了一連串有關時間的各種聯想和題外話，例如：物理學、生物學、健康、文化、人際關係、音樂和藝術領域中的時間概念，而「生活步調」本身有時也創造出一大堆生活經驗的自由聯想。去問人家有關時間的經驗，就有一點像是在問「藝術是什麼」。這兩個題材都與我們的個人經驗相互交織，而交織的程度又深又廣，甚至會引出其他的問題，例如：「我該如何過活？」或是「生活的意義是什麼？」當然，這類問題很有意思，但對一個力求方法學上精確嚴謹的研究者來說，就有點不適合了。

把各地方的特性做一番歸納，這件事很冒險，特別是當這種歸納都由當地居民的集體「性格」所主導時。把單一一套特性加諸於整個民族或是整個群體，是草率的想法。事實上，在任何一個群體中，個人之間都會有極大的差異。而用一個總體標籤指定給某個特定的城市或國家，未免太過刻板；果真如此，那可能就是蓄意或惡意的扭曲。

對於單一地點居民的過度歸納性描述，可能會失之於粗率，但若拒絕承認在不同地點和文化之間，存在著整體明顯的差異，這也太過天真。當然，許多義大利人，跟注重時間的瑞士人典型非常相似，反倒不像馬斯楚安尼的同族（去問個米蘭人就知道了）；也有些巴西人比紐約人還要勇猛精進。但整體來說，有證據顯示：瑞士人比義大利人更有時間觀念，而出生在里約熱內盧的巴西人，普遍比紐約人閒散。在特定情況中，最精進的A型居民，或許比B型中分數最高的人還閒散，但凡事總是公平的，與上例相反的情形也很可能出現。

在同一文化中居民的相異程度，或許就可以看做是一項透露玄機的特性。例如，在日本，順應眾人被當作是美德，還有句家喻戶曉的格言：突出的釘子很快就會被打壓。因此，日本大眾的從眾情況，遠比美國這種崇尚個人文化的地方高，美國人是「會叫的輪子才多吃油」、「會吵的小孩才有糖吃」。而在日本和美國這兩國之間，對於從眾行為的寬嚴看法，就代表著一種顯而易見的差異。

我的研究中，比較了許多不同地方的生活步調。早期實驗是比較巴西和美國的異同，近期則是比較了三十一個國家。研究目的之一，是給這些不同城市和國家的生活步調排出個次序來——建立一個社會心理學家以地點為中心所評定的「各地生活步調快慢指南」。排這樣的次序表，倒是美國其來有自的傳統。早在十七世紀時，招徠殖民者到美國馬里蘭州的人，就提供了許多統計資料，顯示馬里蘭州在火雞和鹿隻的數目上，比維吉尼亞州多，而居民死於夏季惡疾和印地安人屠殺的人數，則比維吉尼亞少，以便吸引大家在契色貝克灣（Chesapeake Bay）北岸落腳。如今，對各地方的評比所引發的爭論，遠比過去多。一個《時代週刊》的記者就說：「無論題目是評比牛肉餡最大最多的漢堡，還是規模最大的公司，美國人就是喜歡列出一個優劣表，然後對其結果爭執不下。而激起最多異議的排行榜，則非『最佳居住地點』莫屬。」

但是，當多數以地方為單位所做的研究，都依賴有關客觀居住情況（住房、健保、罪案、交通、教育、藝術、娛樂設施、工作機會）的統計時，我的研究卻是在探索居民生活的社會心理品質。我們對於南加州人比較閒散、紐約人屬A型性格的刻板印象，究竟精確到什麼程度？跟印尼人比較起來，日本人的生活步調如何？斯里蘭卡人和巴西人相比，結果又是如何？哪個城市的居民比較會花時間協助陌生人？這些是我和我同事所提出來的問題。

生活步調與生活品質

評比各地的生活步調，除了決定哪個城市最好、哪個城市最差，我自己還有一個更遠大的目標，那就是：了解生活步調對於居民的生活品質，產生什麼樣的影響。居住在生活步調較慢地區的居民，是否比生活步調最快的A型地區居民更快樂、更健康、在社會責任上投注更多的時間？我同事和我曾就幾個不同層面，檢驗了生活步調的影響，這些層面包含該城市的經濟和社會特性、協助他人的行為，以及冠狀動脈心臟病死亡率。

在下文中，我們會看到：不同的生活步調的確會造成深遠的影響。這一點，並不令人驚訝，畢竟，我們的生活步調主宰著我們對於時間流動的感受。我們在時間流逝中的行動方式，追根究柢，也就是我們生活的方式。正如國際時間研究學會（the International Society for the Study of Time）會長費爾瑟（J. T. Fraser）所述：「你若是能告訴我時間是什麼，我就明白你是什麼樣的一個人。」

雖然我會碰觸到「過度工作的美國人」、「扣準時間的扳機」或「急切成癮」這類題材，但這並不是談論這些題材的另一本書。同時，它也絕對不是設計來做為時間管理或自我協助的書，儘管我會根據研究結果，嘗試提出若干建議，但那主要是我以前幾本書的內容。在《時間地圖》這本書中，我的興趣更廣，我想了解全世界各民族、各城市、各文化的生活步調以及對時間的看法，是如何地豐富又複雜。由於時間正是社會生活的基礎，因此，研究一個民族如何建構時間，對於了解它的文化和我們自身的文化，就等於是提供了登堂入室的寶貴機會。

研究了其他地方，我所學得的，不只是當地的文化，還有自身的文化，二者不分軒輊。從這個角度來看，社會學家對於其他民族和地方的探查，就跟任何形式的旅遊寫作差不了太多。兩者，如果做得不錯，最終都應是輝映自身文化中的生命。正如作家班克斯（Russell Banks）在一次旅遊文學研討會中所說：

「引人入勝的旅遊文學，都是由身為旅客的作者所寫，而不是由身為作者的旅客所寫，其真正的主題則是自己的家鄉。大膽、用心地觀察他人，其最終目的，反而是澄清自我的本質和局限。從這裡我們可以得個結論：最佳的旅遊作家，是那些在根本上，對於家鄉本質和局限並不明瞭、也不知道自身和家鄉有何關連，而需要做一番釐清的人。他們離鄉背井，於是可以像霍桑筆下的威克費先生（Wakefield）——驀然回首，真實的家鄉就在燈火闌珊處。」（譯註：威克費是霍桑小說中的一個小人物。有一天他告訴家人自己要出門一下，但是星期五就會回來。他出門後，在離家不遠的一個拐角處租了個地方住下來，一住住了二十年，再沒回家。二十年後，一個雨夜裡，他則突然又回頭跨進了家門。）

如果我的研究做得還不錯，那麼這本書的焦點會清楚地集中在美國以及其他地方的生活步調上。我們如何利用時間？時間的利用和我們居住的城市有何關係？跟我們的人際關係何干？與我們身體和精神狀態的關係如何？我們所做的決定中，是否有些並非出自有意識的抉擇？除了現行生活步調，還有哪些節奏是我們或許會喜歡的？也許，隨著這本書，我們會像霍桑筆下的威克費先生，「驀然回首，得見真實」，同時，以我們個人的方式，領會到自己處在千變萬化的時間流動中。

第一部
時間與文化

人類是唯一受時間約束的動物。

革命的人，總想創造新的時間文化。

第一章 生命的節奏

我們對節奏的感覺，是難以量化的。
對時間，也是如此。而生命的節奏，不可單單簡化為有問題或沒問題。

生活步調是人們感受到的時間流動或運行。它的特徵是：韻律（rhythm）（從工作時間到停工時間的變動模式如何？社會活動是否有規律？）、順序（sequence）（是先工作後遊戲，還是先遊戲後工作？）和同步（synchrony）（人和活動會彼此調和到什麼程度？）但最根本也最重要的是：生活步調關乎節奏（tempo）。

「節奏」這個詞是從音樂理論中借來的，指的是一首音樂演奏的速度。音樂節奏，就像個人感受時間一樣，是相當主觀的經驗。在幾乎每一首古典樂曲之前，作曲家都會插入一個非量化的節奏符號——最緩板或慢板，表示慢節奏；快板或極快板，表示快節奏；漸快或漸慢則表示節奏的轉變。甚至還有一個指令是「彈性節奏」（tempo rubato），字面上的意思是「偷時間」，也就是要求在左右手的變換中，瞬間一收一放。然而，除非作曲家指定由節拍器來計算（絕大多數古典作曲家都沒有這麼做，也不可能這麼做，因為節拍器直到一八一六年才大量生產上市），這種有關節奏的提示究竟要如何精確地詮釋，還是給演奏者留下了非常寬廣的空間。如果依照演奏者所設定節拍器的速度，蕭邦的「一分鐘華爾滋」（Minute Waltz）可能要花兩分鐘才彈得完。

人們對於時間的感受，也是如此。我們可以按相同的音符順序彈奏同一首曲子，但總是有節奏的問題，奏出來的曲子究竟如何，就要看是誰演奏、演奏的是什麼，以及演奏場合而定。資賦優異學生一個傍晚就能熟練的曲子，換成普通學生，或許要熬個通宵才學得會。報社記者從一個截稿時間奔赴另一個截稿時間，而同樣也是寫作的小說家，卻在耐心等待下一個靈感影像。如果讓一個做父母的跟孩子共處一小時，有人會讀故事書給孩子聽，也有人會跟孩子組隊比賽，玩一場耗費精力的電動遊戲。我學生的表兄花了兩個月的時間遊遍歐洲，而他從商的父親卻在兩星期內走完同一行程。

當我們感受到迅速接近的車流或即將來到的截稿日期時，我們會用很短的時間或瞬間來衡量這種速度。同時，我們也可以就一段比較長、維持較久的時間，譬如二十世紀生活節奏加速這種話題，來衡量速度。例如，托佛勒在他的暢銷書《未來衝擊》（Future Shock）中談到，因為短時間內遭逢太過劇烈的變動，而引起精神崩潰時，就提到了節奏這個話題。那種精神創傷，並不光是由變動的衝擊所生，還因變動的速度而起。無論我們說的是一段長時間或一段短時間，也不管這種時間是如何衡量的，在生活的節奏上，總有文化、歷史和個人之間極大的差異。

全球的時間記號

適應異地節奏所碰到的困難，就跟學習一種外語所遇到的麻煩一樣多。在一項文化衝擊根源的研究中，社會學家斯波德里（James Spradley）和馬克·菲利普斯（Mark Phillips）詢問了一群參加和平團（Peace Corps）工作後返國的人，請他們在三十三個必須適應的項目中，評定高下。這項研究的結果相當豐碩。清單上列有許多旅遊狂很熟悉、包羅萬象的項目，例如：進食的種類、多數居民的個人清潔、與被問者相同族類的人數、普遍的生活水準等。除了「專精當地語言」這一項之外，這群志工最感困擾的兩個項目都跟社會時間有關：「一般生活步調」以及接下來最有意思的「當地多數人的守時狀況」。

奧圖曼（Neil Altman）當年曾是和平團裡，覺得時間感模糊的志工之一，如今是紐約市的一位臨床心理學家，目前正在印度南部的一個小村莊，擔任一期農業顧問。「我剛到印度時，」他回憶道：「常到地方的園藝辦公室拿些種子什麼的。我進了辦公室後，就會直接找上那裡的主管，向他索取我要的東西，但通常都會發現有六到八個人，圍坐在主管的桌旁，我猜想，這些人都是有什麼事要辦。所以，我會很沒耐性地直說來意：『早安，主管先生，請給我一些蕃茄種子好嗎？』對方的回答是：『早啊，志工先生，要不要跟我們喝杯茶？』於是我別無選擇，只好坐下來，等著幾個僕人出去張羅我的茶。然後，那位主管先生會問起我太太或其他一些瑣事，接著在座的那一群人會針對我的生活或美國種種，提出一百萬個問題。我實在不知道該怎麼做，才能在不失禮的情形下，再度提問我的蕃茄種子。最後，過了一兩個小時，我終於決定把失禮放在一邊，不管三七二十一，我要拿種子去做我的事。這時我發現，圍坐桌旁的那些人，其實沒有人辦了任何正事。」

我自己在第三世界的旅行，也有許多此類關於節奏的衝突。有時候，在那些國家的生活，似乎就是漫長的等待：等巴士、等火車、等入境許可、等出境護照、等晚餐、等上廁所。有一次，我在新德里，打算去火車站，先是等了四十五分鐘的巴士，而巴士太擠，我還多坐了兩站，才好不容易把自己弄下巴士。回頭走了兩站，進了火車站，在長龍裡等了將近一小時，終於到了售票口，售票員先是打了個印度傳統招呼「那馬斯帖」（日安），隨即翻出一個牌子，上面用英文寫著「午餐休息時間」。我一腔怒火升得比喀什米爾還高，轉身想找人來同仇敵愾，卻發現眾人都已在地上就坐，攤開布巾，吃起簡便的午餐。「我怎麼辦？」我問鄰近一對夫婦，他們回答說：「你可以和我們一起吃午餐。」我作勢打算要走，幾番折騰，最後還是坐了下來，與他們共餐。

售票口再度開啟時，我發現原先我的位子有一家六口佔了。他們要請我吃花生，還用印度話為我祈福，我請他們讓開、還我原位，那一家裡最長的男性喃喃地說道：「等濕婆神飛到邁阿密海灘再說。」我發誓真的是聽到他如此說。總算到了售票口，我要搭的那列車，車票已售完，而那是三天之後才將開出的列車班次。到頭來我還是買到了一張票（噢，奇蹟只有賄賂辦得到），但就算我有那張票，人家說還是要在開車前一小時到達火車站。我照做了，結果卻發現：我得擠過幾條長龍，把坐在我位子上的那人趕起來。那列火車後來誤點開出，抵達時則誤點更多，自不在話下。不過這也無妨，因為和我約好在那目的地火車站碰面的人，他比我還晚到。

前往印度大吉嶺的喜瑪拉雅山特快車，窄軌車身上刻著一段話：「『慢』（slow）這個英文字有四個字母，『生命』（life）也一樣。『速度』（speed）這個字有五個字母，『死亡』（death）也一樣。」的確，沒錯！

不同文化間有關節奏的拉鋸，全世界都找得到。例如，我同事巴騰（Alan Button）說，他在俄羅斯旅行時，有一次跟人家約好會面，卻遲到了。他的導遊開始對計程車司機吼了一句俄羅斯話，意思是「昨天就該到了那裡」，或者就字面上來說，意思是「我們早該到了」。導遊說，「趕緊」或「快走」這些在英文中寓含「急迫」之意的字眼，在俄羅斯語中都沒有急迫的意思。導遊跟巴騰說，如果他只命令司機：「請盡快！」那麼他們抵達的時間還會更晚。結果，巴騰還是遲到了，不過那位預定跟他會面的仁兄，比他晚到二十分鐘。

把時間當作金錢、事事匆忙的旅客，到了節奏較慢的地方，前者的衝鋒陷陣總會讓困惑的後者退避三舍，這種事在文獻中俯拾皆是。我在巴西的第一年，從閒散的巴西人口中，最常聽到的話就是他們的求饒：「拜託，巴比，拜託！」無論我多麼努力地放慢速度，幾乎總是會聽到對方上氣不接下氣的「拜託，教授！」這話有時只是懇求，有時還外加搖頭嘆息的可憐狀。我不過是以加州凡斯諾地區大學教授的節奏在行進，還根本算不上是美國普通的匆忙程度呢。

羅德島大學社會心理學家詹姆士・瓊斯（James Jones），幾年前住在西印度群島的千里達巴貝多時，也跟我一樣，有類似的經驗。他是拿古根漢獎學金（Guggenheim Fellowship），到千里達巴貝多研究當地居民的幽默感，但他學到最多的是：他自己的步調總是嚴重錯亂。他說，遲到的人看他沒耐心，都會安慰他：「嘿，小子，你急什麼，啊？不會有事的，放輕鬆，小子，我現在就過去。」「於是，」瓊斯說：「我只好等了。」瓊斯和我的經驗中，最相像的一點是，此事對於我們的學術生涯，造成了深遠的影響。儘管我們在原始研究計畫中的成就都很有限，他研究千里達巴貝多人的幽默感，我研究巴西人的社會知覺，這兩個題材卻很快就褪成了配角。對於我們這兩個既是社會心理學家又是旅客的人來說，更讓人著迷的是：我們所碰到、同時深感困惑的社會時間，是那麼地多采多姿。因此，時間的研究變成了我們研究計畫的焦點。瓊斯現在已是國際上研究時間觀點、心理學（psychology of time perspective）的權威，而我一直沈迷於生活步調的研究。

節奏的元素

某個地方或文化的生活步調，比其他地方更快或更慢，這是什麼特性造成的？為了要回答這個問題，我的研究小組最近比較了世界三十一個國家的生活步調，完成了一連串的研究。這些實驗的結果，和其他社會科學家的研究發現，共同建立了幾個有關節奏的關鍵性基準。

在此簡短地說明一下，我們的研究是如何進行的（相關細節會在下文中提出）。在每個國家，我們挑選一個或幾個主要城市，以三個指標來測量當地的生活步調。（為了簡化起見，香港目前的地位雖然還只是殖民地，但我們把它當成一個國家。）首先，我們隨意選擇一些行人，測量他們在六十呎（約二十公尺）距離內的平均行走速度。這項測量的時間，是夏季晴天的上班時間，通常是早晨的尖峰時段，確切的測量位置則選在市中心區主要街道的兩個點。被選中的地點都是平地、無障礙，人行道都很寬闊，不至於擁擠的地步，行人有足夠的空間，可以依自己喜歡的最高速度行走前進。由於兩人以上的交談或活動，會影響行人的步行速度，因此，測量樣本都是單獨行走的人。受測者皆無明顯的肢體殘障，那些看起來像是在瀏覽櫥窗、逛街的人，也被排除在外。每個城市至少有三十五名男性和三十五名女性接受步行時間的測量。

第二個實驗的焦點，則是測量工作場所中的工作速度，我們選定測量的是：郵局出納完成一件買賣郵票所需的時間。在每個城市中，我們以當地語言，向郵局出納提出購買一張平信郵票的要求，例如在美國，我們就要求買一張三毛二美元的標準郵票。買郵票的錢是紙鈔，在各地都差不多是美金五元的紙鈔。我們測量的是：從提出購買要求，到買到郵票，整個過程所需的時間。

再來，為了估計每個城市對於時鐘時間的注意程度，我們隨意選擇了市中心區十五家銀行的掛鐘，觀察其精準度。這些掛鐘所顯示的時間，還要拿來跟當地電話公司報時台所播報的時間，做個對比。

每個國家中這三項實驗的結果分數，會併在一起做統計，最後得出一個生活步調的總分。

從這項研究和其他相關研究中，我們認為：決定全球各地生活步調的，有五項主要因素。居民傾向快速行走的地方，大約都是經濟較發達、工業化程度較高、人口較多、氣候較涼爽，同時是個人主義的文化導向。

第一因素：經濟安定

經濟體質愈健康，該地居民的生活步調就愈快。

一個地方的生活步調，首要決定因素就是經濟。毫無疑問地，在我們的實驗中，最顯而易見、最首尾一貫的發現，就是：經濟充滿活力的地區，生活步調就比較快。生活步調最快的居民，是住在物質條件較富裕的北美洲、北歐和部分亞洲國家的人。生活步調最慢的居民，則都是在第三世界國家，特別是那些住在南美洲、中美洲和中東國家的人。（詳細結果請見第六章）。

整體生活步調較快，在每個層面上，都跟一國經濟的安定有很高的相關性：該國整體經濟體質較佳（由國內平均生產毛額〔gross domestic product per capita〕來衡量）、該國一般公民實際感受到的經濟安定程度較高（由購買力來衡量，購買力指的是：該國中等收入者所能購買物品的多寡）、該國民眾較有能力滿足其自身最基本的需求（由平均卡洛里的攝取來衡量）。事實上，處在較富裕和較貧窮國家的人，的確是隨著不同的鼓聲在起舞。

我們可以據此來推測一下，在生活步調和經濟狀況這二者之間的因果關係。大有可能的是：這是一個雙箭頭的關係：經濟愈發達的地方，時間的價值就愈高；而時間價值愈高的地方，就很有可能經濟活動非常活躍。經濟這項變數和生活步調之間的關係，是傾向於彼此增強；二者相生相剋。

其實，我們不需要到其他國家，就能看出經濟和生活步調之間的關連性。在許多國家，次文化中就可以找到明顯的證據，來說明經濟和生活步調的關係。例如，在美國，許多經濟上較窮困的少數族裔就強調，他們對於時間的看法，與大多數歐洲裔美國人很不一樣。美國印地安人喜歡談論「生活在印地安時間裡」，墨西哥裔美國人還區分「時鐘上所指的確切時間」以及「相當隨意看待的時間」。

非洲裔美國人通常認為他們文化中，對時間的觀感不同於其他人——他們是「有色人種時間」(colored people's time, CPT, 這個詞現在已不太流行)，而大多數人遵循的則是「白種人時間」(white people's time)。人類學家裘利斯・亨利 (Jules Henry) 曾在六〇年代，花了一年多的時間，與許多住在聖路易市貧民安置公寓中的非洲裔家庭面談。受訪者自認和附近歐洲裔社區居民生活上最大的差別是：非洲裔居民活在他們所謂的「有色人種時間」中。「根據有色人種時間」，亨利解釋道：「一個預定要舉行的事件或活動，可能在長達幾個小時中的任何時刻開始，也可能根本就不舉行了。」亨利的受訪者都很快地指出，白種人那種條理分明、按計畫時間準時進行的習慣，跟他們形成強烈對比。

社會學家侯頓 (John Horton) 稍做應用，為CPT帶入一些時下的觀點，變成「很酷的人的時間」(cool people's time)。而「很酷的人」指的是：偶爾失業、在街角晃盪的年輕黑人。侯頓花了兩年的時間，與許多這類人做面談。「從特徵上來說，」侯頓的報告中寫道：

這些在街上晃盪的年輕人都很晚起床，在近中午或下午開始時才上街，一直晃到日落時分。在街上從事的，是輕鬆的社交活動。一群男孩子聚在一起鬼混，是他們打發時間的最主要方式，他們就耗在那裡，直等到什麼必要或希望的行動發生……。在這種情形下，昨天和今天交融在一起，明天則還是空蕩蕩的，等著透過找尋麵包和刺激來填滿它。

換句話說，這種生活中最普遍的步調，就是非常地緩慢。不過，侯頓也說得很清楚，當有需要時，這些在街角晃盪的人也能加快他們的生活步調。根據侯頓的看法，這些混混碰到他們在意的事，就會很注意時間，遇上他們不想做的事，就不把時間當一回事。通常，後者的情況較多。而當資源很少時，例如手頭很緊或者入獄時，時間對於他們來說，就是「死的」，然而一旦有什麼事，或哪裡有什麼「行動」（action），時間又「活了」。在一個星期當中頭幾天沒錢的時候，步調很慢，但是在星期五和星期六晚上，會以級數速度加快腳步。

第二因素：工業化程度

工業化程度愈高，該國居民每天的空閒時間就愈少。

實驗結果顯示，地方愈富有，生活步調就愈快，對此我們應該不感覺意外。而經濟的活力與工業化程度息息相關，事實上在歷史上，加速西方世界生活步調最關鍵的事件，就是工業革命。

當代最大的反諷之一就是：人們有了那麼多省時的機器、發明，自己能保留的時間卻少得史無前例。中世紀的生活，通常都被史家描述成荒涼、沈寂的，但他們有一樣東西比後代人多，那就是休閒時間。事實上，許多證據都顯示，在工業革命之前，人們並不是那麼性好工作。整個中世紀，歐洲一年平均大約有一百一十五天假期。有趣的是，直到今天，一般來說在較貧窮的國家，假期都比富裕的國家多。

加重工作負擔的禍首，通常正是那些原本打算節省時間的發明。近期的研究顯示：一九二〇年代的農家主婦，在沒有電的情況下，比起生活在二十世紀下半葉、擁有所有現代家電的郊區主婦，前者花在家事上的時間，遠比後者少得多。其中的原因之一是：幾乎所有的技術進步，似乎都伴隨著期望的高漲。舉例來說，當廉價的窗玻璃在十七世紀末引進荷蘭時，要想對室內堆聚的塵埃視而不見，就不可能了。如今的真空吸塵器和其他產品，更是把大眾的清潔水準提高許多；如此一來，這些產品等於是要人們花費時間，用來驅除家中那些在一夕之間突然就克服得了的砂塵和細菌。於是，有了西屋電器，生活水準就高了許多。

現代生活中的諸多便利，到底是如何影響人們對於時間的利用？這種觀察會有豐碩的發現。例如，人類學家艾倫・姜森（Allen Johnson）就曾比對馬奇昆加印地安人（Machiguenga Indians）和法國人對於時間的不同利用。他發現：不論男女，法國上班族在工作和消費（進食、閱讀、看電視）上，花費較多的時間，但他們的空閒時間遠比馬奇昆加印地安人少。法國男性花在享受其勞力之果實的時間，四倍於馬奇昆加印地安人，但也付出了嚴苛的代價——他們每天的空閒時間，比馬奇昆加印地安人少四小時。姜森的研究結果中，也許最值得一提的是：現代生活種種便利的工具，事實上也榨取了我們相當多的時間用在其維修上。馬奇昆加印地安人在家裡花在生產性工作上的時間（諸如製造籃子和衣服），是花在維修性工作上的三倍到四倍（諸如洗衣、打掃、修理）。而法國人的工作模式則正好相反。於是，就如人類學家馬文‧哈瑞斯（Marvin Harris）所觀察到的——現代家電是「省力不省工」。

姜森借用近代經濟理論，認為工業化導致了一個從「時間過剩」（time surplus）到「時間充裕」（time affluence）再到「時間不足」（time famine）的社會演變過程，如今高度開發的國家，就有所謂「時間不足」的特性，而其最終結果，姜森的論點指出，就是影響了民眾的生活步調：

> 製造更多、消費更多的結果是：我們感受到時間愈來愈少。這種現象是這麼來的：製造的過程愈有效率，就意味著每個人在每小時內要生產更多的商品；生產力的提高……意味著我們必須消耗更多的商品，才能讓整個製造系統繼續運作。休閒時間於是轉變成消費時間，因為花在生產和消費以外的時間，都被看成是一種浪費……。時間的價值愈高（時間愈來愈少），人們主觀上就覺得生活步調和節奏愈來愈快。在生產線

上，我們總是擔心動作太慢或工作遲到；而在休閒時，我們又總是擔心浪費時間。

在生活步調的光譜上，極慢的那一端，是所謂原始農業和漁獵社會的石器時代經濟。例如，新幾內亞島（Papua）上的卡帕古族（Kapauku）並不認為要連著兩天都工作。南非有種布希曼人每星期只工作兩天半，典型的工作時間是每天六小時。而在夏威夷（Sandwich Islands），男性每天只工作四小時。

研究顯示，經濟較落後地區的女性，平均每週工作十五到二十小時，男性在休耕時大約是十五小時，而在耕作季節，需要餵養照顧那些犁地的牲畜，因此工作時間延長為二十五到三十小時。在澳洲，一個杜比族（Dobe）婦女一天所採集的食物，可以為家人供糧三天。而不必外出覓食的日子，則都是屬於她的時間，她可以訪友、作樂、刺繡，或者，多半的情形是：無所事事。

有些低度開發的文化中，就算有時鐘，那裡的時間似乎也是停滯不動的。人類學家霍爾就說過一個故事——某位居住在阿富汗首都喀布爾的男子，他與一個兄弟約好了要會面，卻找不到對方。美國大使館裡某成員做了調查，最後發現問題的癥結是：這兩兄弟約在喀布爾見面，但卻沒說清楚會面時間是哪一年。當那些經常盯著時間的歐洲人士得知，全球有許多地方的民眾，根本不覺得霍爾的這個故事很幽默時，他們都非常震驚；大多數人對於這種陰錯陽差，不覺得好笑，反而相當惋惜與同情。

但是，如果我們的結論是：工業化和生活節奏是一體兩面的事，這種歸納又太過粗略了。有時候，同樣是第三世界的文化，甚至就是相當類似的隔鄰，其生活節奏卻迥異其趣。舉例來說，人類學家布漢那（Paul Bohannan）就曾研究過許多部落的打招呼方式，在其中一個研究中，他比較了奈及利亞提夫族（Tiv）和隔鄰豪撒族（Hausa）的異同。他發現，提夫族的步調較快，是第三世界的A型族群，他們不會把時間浪費在像打招呼、問好這類敷衍性的舉動上。他們習慣在說完哈囉之後，就繼續埋頭工作。而緊鄰在旁的豪撒族，卻絕不想縮短打招呼時應有的時間長度。布漢那說，有一次他看到一個英國人類學家，和一個豪撒族人，花了二十分鐘打招呼問好，兩人對於此種需要多年演練和熟習的儀式，似乎都樂在其中。

至於招呼應該在什麼時候才開始說出來，各地方也有不同的規矩。目前在澳洲達爾文港北領地大學（Northern Territory University）擔任講師的蘇席拉•奈爾斯（Sushila Niles），曾說過一個她在某非洲國家任教時，碰到一位政府官員的不愉快遭遇。當時，那位官員的秘書把奈爾斯小姐領進了官員的辦公室，而官員正在跟其他人說話。「我很有禮貌地站在一邊，」奈爾斯回憶道：「官員卻突然轉向我，說：『女士，你怎麼連個招呼都沒有？』我進他辦公室沒跟他問好，這竟然違反了當地的社交傳統！我跟他說，我從小被大人教導，打斷人家的談話是很粗率無禮的行為，但這種原委卻始終不能讓對方釋懷。」

南卡羅萊納州長老教會學院的心理學教授布吉（Stephen Buggie），曾在辛巴威教了三年書，在馬拉威教了九年。「在辛巴威，」他回憶道：「生活步調大體上來說很慢，對於守時和時間這回事，不怎麼注意。但在盧薩卡（Lusaka，首都，同時也是最大城）市中心，居民的步行速度卻很快，好像每個人都躲著別人的大肆扒竊。辛巴威隔鄰的馬拉威就相當不同。在馬拉威，開會時進入正題的速度，比在辛巴威快。馬拉威的終生總統卡穆蘇・班達（Kamuzu Banda），在回鄉從政之前，曾在蘇格蘭行醫三十年。他以相當決絕的方式管理這個國家，而他對守時觀念也特別拘泥。一九七〇年代時，在他的治下，公眾場合的時鐘如果顯示不正確的時間，那可是違法的，而損壞的時鐘就得被移開，要不然也得拿塊白布蓋起來。」

第三因素：人口規模

城市愈大，居民的生活步調就愈快。

排在經濟安定之後，最影響一個地方生活步調的因素，就是當地的人口規模了。許多研究一再顯示，整體說來，居住在大城市的人，生活步調比小地方居民快。

這類研究中最早的一個，是學者何伯特・萊特（Herbert Wright）「城與鎮」（City-Town）經典計畫的一部分。在此計畫中，他分別觀察了一個典型市區超級市場中，和一個小鎮雜貨店內兒童的行為。研究結果發現，二者最大的不同點之一，就是步行速度。市區孩子在超級市場中的平均步行速度，幾乎是小鎮孩子在雜貨店內的兩倍。小鎮孩子花在和售貨員及其他購物者交談互動的時間，是市區孩子的三倍，同時，前者也花相當多的時間，親身碰觸店裡的貨品。

澳洲心理學家阿瑪托（Paul Amato）在世界的另一個角落，非洲的新幾內亞也發現了同等的差異。在一連串有趣的實驗中，阿瑪托觀察了當地歐式商店內行人步行和找零錢的速度、大城市莫若斯比港公開市場檳榔交易時行人步行和找零錢的速度，以及其他兩個鄉村小鎮（韋瓦克和哈臻山）公開市場檳榔交易時找零錢的速度。在歐式商店和大城市的檳榔交易地點，行人的步行速度都比較快。但有關找錢的速度，卻沒有城鄉之分，也就是說，很明顯地，上述新幾內亞的各地居民，對於找零錢這種動作會花多少時間，一點都不在乎。

步行速度和人口規模這兩者間到底有什麼關連，提出確切論證的是心理學家馬克・伯恩斯坦（Marc Bornstein）和他同事所做的一系列國際研究。在其第一組實驗中，伯恩斯坦等人觀察了捷克、法國、德國、希臘、以色列和美國這些國家中，總共二十五個大城市市區地點的行人步行速度。他們發現，在這些性質迥異的城市中，人口規模和步行速度之間的相關性，高得讓人驚訝。（以統計術語來說，他們得出人口規模和步行速度的相互關連係數是〇・九一，而最高也不過是一・〇〇，換句話說，〇・九一已幾乎證實了二者之間絕對相關。）

這類跨文化的研究中出現了數字如此強烈的關連，研究者因此希望能在別處再做實驗，看看這種發現是否能放諸四海皆準。為此，伯恩斯坦又做了另一系列的研究。他把首次實驗的情況，應用到愛爾蘭、蘇格蘭，和美國的一些城鎮中。結果還是一樣，人口規模和步行速度間的關連係數相當高（〇・八八）。伯恩斯坦認為，「在代表某地特徵的生活步調，和當地的人口規模之間，似乎存在著一種預測性很高的關連。」有了伯恩斯坦的這些發現（在先天上就有許多爭議的社會心理學界，這種程度的關連性還真不多見）我們很難再做反向的辯證。

第四因素：氣候

當地氣候愈是炎熱，居民的生活步調就愈慢。

舊式的刻板印象中，認為氣候愈溫暖的地區，生活步調愈慢，這到如今都還有相當的可信度。在我們三十一國的比較研究中，生活步調最慢的墨西哥、巴西和印尼，都屬熱帶氣候，而生活步調最快的瑞士、愛爾蘭、德國民眾，則最渴望在冬季時到那些熱帶國家去度假。綜觀那三十一國，我們發現各城市的氣候（由當地平均最高溫來測得的數值），與其生活步調的快慢大有相關。

有些人相信，溫暖地區的步調緩慢，可以人類工程學（ergonomics）來解釋——氣候溫暖，所以人們普遍缺乏旺盛精力。當然，只要是在熱浪中待過的人都知道，高溫的確會減損一個人的體力。另有些人則提出其他的假設：生活步調的緩慢，有其進化／經濟上的敏感性。這種說法認為，溫暖地區的居民不需要那麼樣拼命地工作，他們在生活上的需求較小，家當也較便宜，衣著較少、居處簡單，何必要大費周章地快速疾行？還有人認為，較溫暖的氣候就是會鼓勵人好好享受生活。不管哪種解釋，很明顯的是：較炎熱的地方，生活節奏就較慢。

第五因素：文化價值

尊重個人主義的文化，比起強調集體主義的文化，前者生活步調較快。

一個文化的基本價值系統，也反映在其節奏規範中。文化差異中最背道而馳的一點，或許就是個人主義與集體主義的相對，也就是：基本文化傾向是個人和核心家庭，還是傾向一個超乎個人和核心家庭的更大團體。美國是一個典型的個人文化，相對地，傳統亞洲地區則傾向把焦點放在團體上。例如，在巴基斯坦和印度，許多人都是和一大家子親戚共用一間大房子，房子裡有個別的寓所，但廚房等設施是公用的。在西藏和尼泊爾，所有家人住在一起，同一個妻子由兄弟共享也稀鬆平常，而這種習俗對於長時間在外奔波的雪巴族（Sherpas, 善於爬山的喜瑪拉雅山區藏族人）來說，這種安排就經濟層面看，相當方便。在某些集體主義的文化中，所謂的「家庭」延伸到整個村莊，或甚至整個國家「部落」。許多研究跨文化的心理學家都相信，事實上，個人主義和集體主義的光譜，正是一個文化的各種社會模式中最顯著的特徵。

伊利諾大學社會心理學家川地斯（Harry Triandis），在個人主義和集體主義的研究上，是公認的頂尖專家。他的研究中就曾發現：與集體主義文化相比，個人主義文化把重點放在成就上，而不是放在合作上。如果重點是成就，通常就導致一種「時間就是金錢」的想法，而這種想法又倒過來形成一種迫切的需求，希望每一時每一刻都能物超所值。然而在那些社會關係主導的文化中，對於時間的態度則比較輕鬆。因此，集體主義文化的特徵應該就是慢節奏。為測試這個假設，我們在三十一國的研究中，就設計了三個實驗，針對各國在集體主義與個人主義光譜中的分數，和其時間概念相比，做成一個對照。實驗結果證實了上述的假設：個人主義傾向，與較快的生活節奏有相當的關連性。

在接下來的幾章中，我們會看到，當焦點放在人的身上，和放在時間表所訂的節奏上，或放在時鐘所指的時間上，其結果並不相同。事實上，在某些集體主義的文化中，「趕時間」非但被淡化，甚至還完全被當成是一種有敵意的行為。例如，人類學家布笛歐（Pierre Bourdieu）曾針對阿爾及利亞的一個集體主義社會——卡拜爾族（Kabyle）做過研究。他發現，卡拜爾族對於速度一點興趣都沒有，他們蔑視社會活動中所有跟「匆忙」類似的事，把它當作是「沒有禮貌、野心如魔」的舉動，而時鐘則被他們叫做「魔鬼製造機」。

擊出自己的鼓聲

這本書的重點，是放在因文化、因地方而不同的生活步調上。不過，很明顯地，在同一文化中，不同的人之間，也會有巨大的差異，住在同一城鎮的居民，也可能南轅北轍。鄰居之間，會因為個人偏好和其真正感受的生活節奏，而有所迥異。

關於個人之間的差別，絕大多數的注意焦點，都集中在「時間緊迫性」的概念上——人人都努力在最短的時間內，儘可能完成最多的事。時間緊迫性是A型行為模式中，一個決定性的因素。學者福瑞德曼（Meyer Friedman）和羅森曼（Ray Rosenman），曾把這種容易得冠狀動脈心臟病的個性，描述成沒有耐性，具備快步行走、進食、一心二用的傾向，以絕對守時而自豪的人。測試A型行為最廣泛的方法，就是使用珍肯斯行為調查（Jenkins Activity Survey），以一個「速度和無耐性量表」來做測量。近來還有人發展出其他測試A型行為的方法，像是「時間緊迫性」、「恆常啟動程度」（perpetual activation）和「定時鎖」（timelock）。所有這些測試都發現，在關切是否充分利用每分鐘時間這件事上，個人之間有相當大的差異。

但是我們也必須謹慎小心，不要把「步調快」和「步調慢」的人區分得太過籠統。同一文化中有那些生活步調迥然各異的人，相同地，每個人的生活步調也會因時間、地方和其手邊的工作而有所差異。如果你想對自己的時間緊迫性做一個精確的衡量，那麼很重要的就是：得觀察許多不同的行為。你或許可以由以下這十個方向，來思考自己的行為屬性：

● **是否關切時鐘上的時間**：跟大多數人相比，對於時鐘上的時間，你是否特別在意？例如，你是否常常瞄一眼手錶的時間？或者，相對地，你是否那種常常忘了時間，或甚至忘了當天是星期幾的人？

● **說話的模式**：你說話有多快？是否傾向於比大多數人都快？當他人花了許多時間才繞到正題時，你是否經常想叫他們快一點？你是那種接受他人打斷你談話的人嗎？

● **進食習慣**：你進食的速度有多快？你是否經常是飯桌上最快吃完的人？你會不會花點時間，輕鬆悠閒地享受一天三餐？

●**步行速度**：你是否比多數人都走得快？偶爾是否有同行者要求你放慢腳步？

●**駕駛**：你在緩慢前進的車陣中，是否會特別煩躁？剛好被擋在一個慢郎中駕駛之後，你是否偶爾會按個喇叭，或比個粗魯的手勢，想叫對方快一點？

●**工作行程**：你是否沈迷於安排或維持工作行程？你是否在每個活動上，都攤派了一定的時間？對於守時這件事，你是否盲目崇拜？

●**事項登錄行為**：你是不是遇到什麼事，就不由自主地一項項事件登錄下來？例如，為旅行做準備時，你是否會列一個要完成事項和要攜帶物品的清單？

●**窮緊張的心緒**：你是否遇事就會窮緊張？你是不是那種枯坐在那裡等個一小時，就會變得非常煩躁的人？

●**等候**：如果是在銀行、商店中排隊，或是在餐館中坐等服務人員前來，比起其他大多數人，你是否是才過了幾分鐘，就非常煩？有時候，就算不必等這麼久，你是否乾脆轉身離去？

●**警告**：其他人是否會警告你把速度放慢？你聽到朋友或配偶叫你輕鬆點，或是不要那麼緊張的頻率有多高？

幾乎每個人都會在上述的部分項目中，展現某種程度的時間緊迫性，但如果你在大多數或所有的項目中，都顯現過度關切速度和時間，或是你在其中幾個項目中表現得特別嚴重，那麼你的個性或許就會被歸類為「對時間很有緊迫感」。

當這種「時間緊迫感」變成一種習慣，或走到極端，也就是當人們覺得，即使是在並無外在的時間壓力下，還是被迫匆忙行事時，這就可能導致一種冠狀動脈心理學家黛安・阿瑪（Diane Ulmer）和史瓦茲柏德（Leonard Schwartzburd）所說的「匆忙症」（hurry sickness）。如果你很好奇自己的情況將來是否會發展到那種地步，你可以注意以下三個症狀。

你是否注意到自己……

●**個性變壞**，主要是除了目標的完成和滿腦子數字以外，對生活中的其他面向都喪失了興趣，愈來愈傾向以量來評斷生活的價值，而非以質取勝？

●**產生跳躍式思考症候群**，其特徵是腦筋動得很快，但也變動劇烈，逐漸侵蝕了專注和對焦的能力，且對睡眠形成了破壞力？

●**喪失累積愉快記憶的能力**，主要原因若不是滿腦子的未來事件，就是沈浸在過去的事件中，而對當下所付出的心力非常少。如果專注於當下，通常也僅限於危機和問題，因此，所累積的大半都是不愉快的遭遇？

阿瑪和史瓦茲柏德發現，如果你對上述三個問題的答案，都是「是的」，那麼你確實已產生「匆忙症」的朕兆。染上這種「疾病」的人，會有許多不同的麻煩，從健康問題（特別是那些和冠狀動脈心臟血管系統有關的毛病），到社交關係的支離破碎，以及自我價值的低落等，這些都是可能的麻煩。

然而，若說單單就「匆忙症」這個概念，就能把活在快節奏生活中的所有結果都說盡，這也太籠統了。俗話說，榔頭當前，萬物皆像小螺釘；而你若是冠狀動脈心臟血管心理學家，你總會從這類疾病的樣板中，去觀察行為。但是，快節奏本身並不必然引起疾病。時間壓力、時間緊迫性和匆忙症，這三者之間的關係，在個人身上所造成的差異，和在不同文化間所造成的差異，是大略相同的，也就是一個單向的箭頭，程度的輕重而已。外在的時間壓力，並不一定會造成個人的時間緊迫感，而時間壓力或個人的時間緊迫感，也不必然造成匆忙症。

生活節奏不可簡化成單單是有問題或沒問題。我學生和我發展出一套測試方法，可以測出廣義的個人生活節奏差異。我們發現：個人經驗中的生活節奏，可以分成五個領域，其中一個是時間緊迫性。當被問到其生活步調時，人們會把它當做是有關時間緊迫性的問題，但同時也會把焦點放在他所感受到工作場所內、外的速度，他們喜歡生活中某些活動的程度，以及他們所中意的周遭環境步調。

明顯地，對於以上五個與步調有關的事項，回答了其中之一，並不能預測其他的答案。這表示，這五個領域正是人們所感受到一般生活步調的五個面向。最重要的是，我們發現，個人氣質和其所處環境，遠比單純的生活步調之快慢，更能影響匆忙症的發展。例如，喜歡劇烈活動的人，生活型態和環境都傾向速度快。同樣地，就身心兩方面的健康來說，能夠在工作場所和日常生活中取得一個平衡，可能比深究當事人的工作是具備高度或低度的時間壓力，來得更重要。

在如此一個較寬廣的定義下，來評鑑生活步調，你或許要自問以下這些額外的問題：你覺得生活步調是太快、太慢，還是剛好，當你所處的環境是……

- 你的學校或工作場所？
- 你居住的城市或鄉鎮？
- 你的家庭生活？
- 你的社交生活？
- 你的整體生活？

對於這些問題的答案，你並不需要一個心理學家來詮釋其所代表的意義。實際上，對某人而言是太快的生活步調，對另一個人來說，可能是慢得枯燥乏味，而在某一刻被視為有壓力的步調，說不定在下一刻是令人振奮欣喜。這世上，有提出進化論的達爾文（他認為「一個會浪費一小時的人，就是還未找到生命的意義」），就同時有一個天天在躲債的雷汶特（Oscar Levant）（「時間這麼短，什麼事都做不了」）。如果可以拋棄俗務，你願意以輕鬆休閒的步調來過活嗎？你覺得如今快速的生活步調，很是引人入勝嗎？你是否覺得人家總是在催你，叫你動作再快一點？你工作或學校所需要你投注的時間，是否多過你真正喜歡投注的時間？你喜歡大城市的活力和激盪嗎？如果可以的話，你喜歡住在一個步調較慢的環境中嗎？

個人步調的快慢，在本質上並無好壞之分。我們究竟如何運用時間，這是私人的喜好問題。

超越節奏

「節奏」和「生活步調」，有時候被當成是兩個可以互換的語詞。事實上，我們生活的速度，的確經常左右我們對於時間的整體經驗。心理學家達波庫斯（Marilyn Dapkus）的一項研究，就凸顯了個人節奏的意義。達波庫斯很想知道，人們在描述有關時間的經驗時，會用到哪些概念。於是她深入訪談了一群成年人，請他們暢談對時間的知覺。她發現，人們傾向用節奏來架構答案，無論他們談的是時間經驗中的哪個部分。例如，被問到生活中的「轉變和持續」時，典型的回答是：

年紀愈長，人們都說時間似乎是過得愈來愈快。我兒子多活一年，對他來說，那就是他生命的十分之一。而如果我多活一年，那只是我生命的百分之二而已。

談到時間有限這樣的概念時，有個受訪者答道：

我先生不像我這樣，總覺得時間緊迫；他把時間看得比較輕鬆，如果時間不夠，他照樣過，還會說：『就只好這樣囉。』我則是物盡其用，盡可能再多做一件事。

在音樂領域中，像節奏和韻律這類特質，都有其截然不同的本質，可以做完全獨立的分析。但在社會時間的世界中，二者的界線卻不是那麼清晰分明。

然而，人們所感受到的生活步調，卻超越了節奏。生活步調是抑揚頓挫的交錯安排，其中有不斷變換的韻律和順序、壓力和平穩、循環和停滯。它或許是規則律動的，也可能是不規則的，或許與周遭環境同步，也或許不搭調。生活步調超越了單純的快慢。我相信，節奏與社會時間的許多其他面向，所交織成的涵蘊豐富和相互關連，正架構出人們對於生活步調的感受。在接下來的幾章中，我們要探討生活步調的其他幾個面向。首先要談的就是某個一時片刻帶給人的心理經驗，這或許是跟節奏最相關的一個話題。

第二章
一時片刻：心理時鐘

跟一個漂亮女孩並坐兩小時，你會覺得那只是兩分鐘；叫你在熱爐子上坐個兩分鐘，你會覺得那是兩小時。這就是相對論。

愛因斯坦

學者麥克勞德（Robert Macleod）和羅夫（Merrill Ruff）在一九三六年曾做過一次有關時間認知的研究，當時他們把兩個受試者幽禁在康乃爾大學心理實驗室的密閉室中，時間長達四十八小時。第一天早上，首位受試者就對這份差事感覺不知所措，而在早上七點二十分整，他在日記中記下了以下這段心得：

噢，真糟糕！我又拿不準現在是什麼時候了。我必須再說一次，我對此事真的沒什麼興趣，不過，既然你們想了解我的感受，我就試著讓你們知道吧。但是請你們要明白，除非我特別註明，否則我所說的時間都是我的大膽猜測。……據我猜想，現在應是接近十一點三十分了。

第二個受試者就是麥克勞德本人。第一天下午，他也喪失了對於時段的客觀感受。他日記中有這樣一段：

> 我過去幾次對時段所下的判斷，幾乎完全是胡說的。我發現自己對於估測時間這回事，幾乎失去了所有的興致。要我估測時間的訊號一來，我就斗膽亂猜。

本章章名「一時片刻」（duration），指的是事件延續的時間。如果我們把節奏想成是事件的速度，那麼「一時片刻」就是時鐘本身的速度。對於物理學家來說，「一秒」所持續的時間是非常精確、毫無歧義的，相當於同位素銫一三三（isotope cesium 133）兩種能階（energy level）轉換周期的一、一九二、六三一、七〇〇倍。然而，在心理經驗的領域中，量化的時間單位，卻是相當愚蠢。麥克勞德和羅夫從實驗中得知，當人們缺乏「真實」時間的線索時（見不到太陽、身體疲累、或者沒有鐘錶），要不了多久，他們的時間感就會瓦解。正是這種通常並不精準的心理時鐘，而非個人手錶裡的時間，創造了人們對於一時片刻的認知和感受。

理論上來說，理智上覺得一時片刻特別長的人，應該會感受到時間的慢節奏。例如，我們想像有人對兩個打擊手分別投擲棒球，每五秒鐘投一球，投了五十秒，每人總球數是十。然後我們詢問這兩位打擊手，整個接球的時間有多長。如果喜歡擊球的一號打擊手，感覺總共打了四十秒，不喜歡擊球的二號打擊手，就會相信整個試驗持續了六十秒。下文中我們很快就會了解到，不同的人對於時間知覺有不同的扭曲，這相當普遍。在心理上，一號打擊手感受到每四秒鐘就有一個球向他接近，而二號打擊手則認為是每六秒鐘有一球飛來。換句話說，前者所知覺到的節奏，比後者快了百分之一百五十，而當外界時鐘慢了下來時，人們所感受到的節奏也較慢。

舉例來說，有些證據顯示，體溫較低會導致一個人內在時鐘放慢速度。有一個實驗就發現，一名潛水者深入華氏三十九度（攝氏十二度左右）的海水之後，他對六十秒時間的感受，要比下水前快了百分之十。其他研究則發現，發高燒的人，會感受到時間過得比真實的速度還慢（他們的估測會比實際經過的時間還長）。這些發現提高了以下這個說法的可能性：溫暖地區民眾的內在時鐘，運作得較慢。因為內在時鐘運作得較慢，所以他們覺得事件的速度似乎都已經很快了，這或許也解釋了為何他們的真實節奏老是那麼慢。也就是說，就個人自己的內在節拍器而言，無論是較溫暖或較寒冷地區的居民，其所感受到的主觀節奏，可能是相同的，或者只有些微的差異，二者的節奏可能都是正確的。

然而，我們將在下文中了解到，對於事件延續的時間，這種感受是可長可短的。在大多數的情況下，計算事件的外在速度，是件很直接、很客觀的活動。但關於那段時間的知覺感受，也就是節奏方程式中的分母，卻還是停留在主觀經驗的領域中。心理時鐘，或者說人所感受到時間移動的速度，會被許多心理因素所扭曲，每一個因素都可能深深地影響到我們對於生活步調的感受。

扭曲的心理時鐘

持續不到百萬分之一秒的事件，會被當作是瞬間就發生的事，並無所謂的時段。然而，比這百萬分之一秒還長的事件，就會產生有知覺的感受和記憶，然後會被架構在一種知覺時段的單位中。關於這種一時片刻的感受，其實是多面向的。我們或許可以感受到整個事件經過時的每一分每一秒，也或許在回顧時，經驗到那相同長短的時間。認知心理學家布拉克（Richard Block）把前者稱為「體驗的時段」（experienced duration），把後者稱為「記憶的時段」（remembered duration）。有相當多的證據顯示，這兩種對於時間經過的感受，會有很大的不同，但二者同樣都會遭受巨大的扭曲。在精確的程度上，二者都會依情況的不同而產生極大的差異，每個人和每個文化對此也有迥然各異的感受。

目前對於短時段時間估計的研究中，最早的是德國科學家馮史寬立（E. von Skramlik）。他的結論是：最好的機械式時鐘（一九三〇年的標準），比起人類的心理時鐘，大約精準四百倍。儘管馮史寬立估計的正確性還頗有爭論的空間，但事實上，毫無疑問地，人們很難精確地判斷一個事件持續的時間有多久。例如，一直有研究顯示，在被要求估測一段稍長的時間究竟是多久時，絕大多數人的答案都相當不正確。兩個此類的典型研究中，研究者發現，在一到二十四小時這個測試範圍內，只有四分之一的人，能做出誤差率百分之十的判斷。換句話說，在沒辦法看到鐘錶的情況下，四個人裡面就有三個，他們所感受到一天的長短，可能平均不是多了兩個半鐘頭，就是少了兩個半鐘頭。

同樣一個人前一小時判斷時間的精準度，到了下一小時可能會變。舉例來說，在某個實驗中，每個測試者對於前一小時和後一小時的估測，其標準誤差（測量變異性的一種統計工具）可以從一小時六十分鐘的百分之二十五，到百分之四十九。粗略換算下來，這組數字表示：以一小時為單位，在連續幾小時的估測實驗中，無論是什麼人，每次估測都會有正負十五到二十九分鐘的誤差。還有，每個受測者的精準度，在前後不同的小時中，會有戲劇性的變化，有些人精準度的變動性，幾乎是他人的兩倍。

在其他條件都相同的情況下，對於「一時片刻」的扭曲感受，通常會是低估，也就是說，時鐘會走得比人們所認為的還快。在「正常」的情形下，一般人所認為的「一小時」，其實時鐘已走了比六十七分鐘還多一點。不過，愈是讓這些受測者看不到外界指引時間的線索，他們的估測就錯得愈離譜。在一個研究中，一群人被幽禁在密閉室裡，禁錮的時間從一星期到一個月不等，他們對於每小時的時間流逝，都低估了近百分之五十。平均下來，他們判斷過了一小時，實際上，時鐘卻已過了一小時又二十八分多。

在一個非比尋常的個案研究中，我們可以看到，有關時間的感受，更是扭曲得厲害。這個研究是一生致力於地質學的法國人西佛伊（Michel Siffre）所做。西佛伊自己扮演了實驗者和受測者兩種角色，把自己單獨幽禁在一個八呎乘十三呎的「禁閉室」中（一個尼龍帳），時間長達兩個月，這個禁閉室位在一處冰河洞穴中，上距地表三百七十五呎（約一百二十五公尺）。不出所料，西佛伊發現，他在判斷短時段和長時段上，都有嚴重的扭曲。例如，他所感受到的一小時，其實就時鐘上的時間來看，平均都超過了兩小時。而當他判斷這個實驗才進行了三十四天時，他就被帶回了地面，因為實際上當時已滿兩個月了。對於時間感的錯亂，他在實驗開始後的第五天，就已在日記中表達了出來：

儘管根據我自己的時間圖，現在不過是早上的六點或七點，我卻開始哈欠連連。真荒謬！這表示每過二十四小時，我就損失了半天。每次醒來時，我都相信時間還早得很，大約是凌晨兩點或三點。而兩次睡覺中間的這一段，似乎又非常短……。吃過晚飯後，我很快地就想睡了；那時我認為一定是下午四點鐘。

到了他被幽禁的最後幾天，西佛伊對於時間的判斷，乾脆鋌而走險，大膽預測：

例如，當我打電話回地表，把我認為的時間報給他們聽時，我覺得從我起床到吃早餐中間，是經過了一小時，但其實可能已經過了四到五小時。這種現象很難解釋，其中最關鍵的，我相信，是在打電話那當下，我對時間的想法。就算我在一小時之前打了那通電話，我還是會報出相同的數字。

有了西佛伊的觀察，我們很難說他並沒有「喪失時間感」。在這種情況下，對於較短時段的回憶，通常會有更大的扭曲。例如，一樁罪案犯案時間的估測，如果不夠精確，那可慘了，這種情況下，時間的準確可說是舉足輕重的大事。在某個實驗中，一群大學學生在校園裡，看到一樁持續了三十四秒的假騷擾案。隨後的訊問中，他們估計整個事件的發生時間，平均答案是八十一秒，這幾乎是實際時間的百分之二百五十。另一個系列實驗中，記憶專家洛芙特斯（Elizabeth Loftus）和她的同事，要求受試者看一卷銀行搶案的簡短錄影帶，然後在四十八小時後，請受試者估測那卷錄影帶持續了多久的時間。她們發現，對於實際只有三十秒鐘的錄影帶，受訪者的平均答案是一百五十秒——這是正確答案的百分之五百。六十六名受測者中，只有兩個人低估了錄影帶的長度。而儘管男女兩性都傾向高估搶案持續的時間，女性還是比男性更不精確——她們所估測的時間，比男性多出了百分之五十。

目擊者常有的誤差

在有些情況中，人們對罪案發生時間的估測會有嚴重的分歧。例如，洛芙特斯描述了一九七四年的一個刑案，當時檢察官以一級謀殺起訴，而被告則宣稱是出於自衛：

這件案子起自一件意外——一名女子和她的男友起了嚴重爭執；她衝進房間，抓起槍，朝男友開了六槍。在偵訊時，關於她抓起槍枝到開第一槍中間，到底是有多長的時間，引發了不同的意見。被告和她姐姐都說，只有兩秒鐘，但另一個目擊證人說是五分鐘。那中間究竟是經過多久，攸關被告的最終命運，被告堅持拿槍和開槍是她在恐懼中的突發狀況，而且根本無暇猶豫。

目擊者在真實的世界中，高估罪案發生時所持續的時間，這種情形有多普遍？在一個想像力豐富的研究中，一群研究者利用美國奧勒岡州波特蘭市所做的罪案受害調查，來進行分析研究。這份調查中，有一部分是請受訪者估計，警察趕往總數兩百一十二件的罪案現場，各花了多少時間，然後研究者把受訪者在記憶中的這個時間長度，與警方正式記錄做比對。一般人都認為，警方的正式紀錄相當精確，是由最先趕到現場的支援警力所記錄下來的。跟洛芙特斯一樣，此例研究者發現，幾乎所有的受訪者（只有兩個例外）的估測，都比實際時間還長，近半數人的估測是比實際時間多了十五分鐘。最讓人嘆為觀止的是，將近有百分之十受害者的估測，比實際時間多出了兩小時以上。

不同的情境之外，若加上個人的差異，人們對於時間知覺的精準度會更是一塌糊塗。舉例來說，我們知道，外向的人對於時間的估測，會比內向的人還準，肥胖者比一般體重者精準，藥癮嚴重者比輕微者精確。我們也知道，瘋子、歇斯底里症患者、精神病患、不良少年、偏執性精神分裂患者，他們的心理時鐘，比真實時鐘快得多，而憂鬱症患者、神經性沮喪症患者、焦慮反應者，和非偏執性精神分裂患者，他們的生理鐘，則比真實的時間慢。甚至還有些實驗證據，證明了那句老生常談：年紀愈大，時間就過得愈快；上了年紀的人或許很有興趣知道：現在甚至連大學生都在唱此老調。

如何延長你可利用的時間

心理時鐘的主觀性，並非總是缺憾。對於某些人來說，能夠扭曲事件所持續的時間，竟是一種珍貴的技藝，那是一種控制事件步調的自覺性策略。

例如，就佛教大師而言，據說剎那即永恆。而「禪」的主要工作之一，就是要學會感受當下的絕對性，在此當下，時間似乎是停止了，就如艾倫・華茲（Alan Watts）所說，人也因此「從時間的桎梏中解脫出來」。有些防身術的大師，以其超凡的能力著稱，他們可以在心理上延長某些片刻。禪學大師鈴木大拙就曾說過：「在生與死的剎那，最要緊的就是時間，而那短暫的時間應該做最有效的利用。」防身術大師可以在心理上學著減慢對手的動作速度，藉此控制時間，使對方的攻擊看似緩慢。如此一來，他們就能夠仔細注意衝突中每一個重要的細節。大師會一次應付一個威脅，彷彿那些威脅是等在那裡被破解。心理學家歐恩斯坦（Robert Ornstein）把這種情形——一個人可以感受那些彷彿是發生在當下瞬間的行動，稱作活在「當下」。

當代西方運動員也以他們自己類似禪學的術語，來談時間的延伸。美國網球名將康諾斯（Jimmy Connors）曾經描述幾次超自然遭遇，當他處在最佳狀態時，他覺得是進入一種「境界」。他回憶道，在這種時刻，從球網那邊打過來的球，看起來變得非常巨大，且似乎是以極慢的速度懸在半空中。在此稀薄的空氣中，康諾斯覺得自己有充裕的時間，來決定要如何、何時、從何處下手擊球。當然，在真實的世界中，他這種看似永恆的時光，只不過持續了不到一秒。喜歡談棒球經的人，也總是會加油添醋地說到那些聽來像是神話的情境，「進入那個時間停止的境界」。球員也描述那些無從解釋的場景，當時周遭所有人都以慢動作在前進。碰到這種時候，他們都說，感覺自己能夠隨心所欲地在不同對手的身邊、之間來去自如，還能穿透對手的身體。

從前擔任四分衛的足球名將布勞廸（John Brodie）回憶道：比賽中最緊張的時候，「時間就似乎是以一種超自然的方式慢了下來，彷彿人人都以慢動作行進。我就好像是擁有全世界所有的時間，可以看清楚接球者的移位模式，但同時卻知道對方的防守線，正以最快的速度向我逼近。」

前國際長距離汽車越野賽錦標得主施圖爾特（Jackie Stewart）認為，在賽車這項高速運動中，想要有傑出成功的表現，就需要以慢動作來移動各種行動元素：

你的腦袋必須把所有元素都吸收進去，完全消化，並把所有元素拼湊出來的全形圖像，以慢動作帶出來。例如，當你抵達馬斯塔（Masta）的時候，你的時速是每小時一百九十五哩，在這種高速中，你應該仍舊保持相當清晰的視野，以幾乎是慢動作的速度經過那些彎道。你要感覺到那速度是慢到有時間踩剎車、有時間把車子整頓一番、有時間算出航道偏差了多少，然後你到達終點，重重撞上終點，出了終點線時，速度是每小時一百七十三哩。

延長時間的能力，並不僅限於佛教大師和天才型運動員。許多心理學研究都顯示，這種能力是凡人也能具備的。針對催眠所做的研究中，就有一些特別令人振奮的結果。例如，心理學家任巴多（Philip Zimbardo）、蓋瑞・馬歇爾（Gary Marshall）和馬斯萊克（Christina Maslach）就給被催眠的大學生以下這個簡單的建議：「讓此刻延伸，使過去和未來都遙遠而無足輕重。」這個指示，導致受測者在被要求去做什麼差事時，他們對於當下他人的言語、感情、思想過程和感官知覺，都大大增加了吸收力。

「延伸了此刻」的受測者，不只覺得深入當下情境，還有證據顯示，由催眠所誘發的時間延伸，或許會使此人在每一個真實時間單位中，完成更大的成就，就像禪學大師和優秀運動員那樣。例如，在一個系列研究中，被催眠者受到諸如此類的提示：「現在，我將給你非常充裕的時間，來做這個實驗，我所給的時間，遠超過你所需的時間。我要給你二十秒世俗的時間。不過，你在這種特殊的狀態下，二十秒將是你完成工作所需的時間，你要它多長，它就有多長。它可以是一分鐘、一天、一個星期、一個月，或甚至是幾年。你需要多少時間，就儘管用。」本研究中有一個受測者，她一直對服裝設計很有興趣，但先前始終不得其門而入，受測當時的職業是秘書。在兩次清醒的各半小時時段中，她無法做出任何的設計。但在催眠的狀態中，給了她「延伸此刻」的指示，她卻能在不到一分鐘的時間內，做出幾款技藝高超的設計。她對那實際只是非常短暫的時鐘時間，在心理上，覺得好像有一個小時那麼久，或甚至超過一小時。同樣地，有一個職業小提琴家，她說她能利用主觀意識延長的時間，來練習很長的樂曲。她後來說，這種額外的時間能增進記憶力，也能提升她的技術表現。

催眠可能延伸時間，這事已經許多人的複製和證實。催眠經驗豐富的艾多斯．赫胥黎（Aldous Huxley）（也許並不令人意外地，他的迷幻藥經驗也很豐富），在他的《島嶼》（Island）一書中，描述了一個人如何處在恍惚昏睡的狀態裡：

……被教著去扭曲時間。起初，他先學會把二十秒當成十分鐘來感受。接下來，一分鐘是半個鐘頭。在昏睡的狀態下，這真的是非常容易。你聽到老師的建議，而你就靜靜地在那裡坐上好久好久，整整兩個小時，然後你準備好了照著宣誓。等到你清醒過來，看看手錶，你所感受到的兩小時，其實就真正的時鐘而言，才不過是剛好四分鐘而已。

枯燥乏味：時間延伸的黑暗面

不過，讓時間腳步慢下來的能力，並非是一項絕對的天賦異稟。人人都知道，時間太多可能也讓人覺得沈悶、壓迫。當我們感受一個事件所持續的時間過長，覺得它過得太慢時，生活就會變得枯燥乏味。當時間的速度降到某個關鍵點，人格心理學家稱此為「理想激勵標準」（optimal arousal level）以下的時候，時鐘通常就似乎是在拖時間了。這種枯燥乏味或許會像一則靈驗的預言，不斷地延續下去：就枯燥乏味的原始定義來看，它的一個特徵就是對所有發生的事都興趣缺缺，而把時間速度往一個更理想標準推動時，需要有所刺激，這種刺激又必須由熱誠來創造，如果始終對所有事件興趣缺缺，這種心緒必然會澆熄那種熱誠，於是，一旦覺得生活枯燥乏味，就很難再提起勁來。

感覺時間慢了下來，這到底是一份天賦異稟，還是像我們在六〇年代常說的，一個累贅？其中決定因素是什麼？大體上來說，防身術大師的那種慢動作，和某些人感受的枯燥乏味，其中的區別可以簡化成一件事：他們所認知到的控制力。防身術大師能夠控制事件進行的速度，他們可以把外在世界的速度減緩，控制住原本太過複雜的場面，而其中產生的掌控感，會讓人相當愉快。在禪學中，時間慢到一個極限，就是一種完全無時間的感受，字面上說來，就是涅槃。而由時間變慢所產生的枯燥乏味，卻讓人感覺失控，枯燥乏味的心緒控制了一個人的時間感。在防身術的世界裡，本人之外的其他人，動作似乎都慢了下來，但此人自己的時鐘卻還是全速前進。在枯燥乏味的情況中，則是當事者內在的時鐘被壓下來變慢，就其感受而言，無論是內在或外在，時間移動的腳步都慢了下來。就其心緒來說，這種緩慢感受起來，至少是不愉快的，通常則是相當痛苦。

這種枯燥乏味在病理學上的極限，是一種絕望感。臨床上沮喪壓抑的病人通常會以防身術大師的語言，來描述他們的痛苦——每一刻都覺得像是永恆。然而，對沮喪者來說，時間的延伸是種令人心寒膽戰的經驗。一個沮喪病患描述道，「未來看似冰冷、荒涼，我彷彿凍在時間中」。這些沮喪病患的心智減緩，本身就形成一種惡性循環：心智減緩阻礙了病患的技藝行動，此舉引起他對未來的無望感，無望感又可能導致他放棄嘗試，而放棄嘗試又會加深其心智的減緩。最糟的情況是：病患相信自己沒有未來，當下的痛苦成了永恆，這就可能引起自殺。心理分析家梅爾吉斯（Frederick Melges）認為，與未來關係的鬆動，是導致沮喪時，時間過得特別慢的原因。他說，對於因沮喪而引起的無望感，最根本的治療工作，就是「解凍未來」。在精神分裂症患者身上，常見他們對於時間非常焦慮。梅爾吉斯的研究報告中，有一個嚴重的精神分裂症患者就表達了他的痛苦：「時間停止了；沒有所謂的時間……。過去和未來都崩裂成現在，而我無法將它們分開。」時間過得如此慢，一時片刻都變得不能忍受。

英國哲學家赫伯特．史賓賽（Herbert Spencer）曾如此定義時間：「那是人類總想消滅的東西，但也是最終消滅人的東西。」這似乎是生活中最古怪的反諷之一：時間是最寶貴、同時也最是無可取代的資源，但人們不看把它當寶貝看。

左右心理時鐘的五種影響力

影響我們主觀感受一時片刻的，至少有五種因素。當事件的經驗是愉快的、帶著些許急迫感的；當人們忙碌時、感受到多彩多姿時、所從事的活動需要用到右腦思考時，多半會覺得時間過得比較快。然而，以上這些影響因素，到底該如何詮釋，又有文化和個人之間的極大差異。同一個活動，對某個人來說短如彈指，但對另一個人來說卻可能長如永恆。

●愉快

若干實驗結果證明了那句古諺中的智慧：「心情愉快，時光飛逝。」而生活中最殘酷的反諷之一就是：當你希望時間趕快過去，它偏偏拖泥帶水；當你希望留住時光的腳步、慢慢品嘗，它卻一溜煙無影無蹤。許多研究結果也顯示，同樣是回憶過去，成功經驗的時間感受，總是短於失敗經驗的時間感受。

有些認知心理學家嘗試要解釋這種現象。例如，歐恩斯坦就相信，一時片刻究竟有多長，這項認知是由我們對於一個情境之感受和記憶的多寡來決定。他說，一個成功的經驗，在記憶中，會組織得比失敗的經驗好。而組織良好的記憶包裹，會以較小的規模儲存起來，因此感覺上它所持續的時間就較短。換句話說，愉快的經驗在大腦皮質中占較少的空間，於是，感覺上經過的時間也較短。

布拉克和他的同事，對歐恩斯坦的這個解釋模式做了修正，提出一套名為「依照前後關係改變」（contextual-change）的模式。他們證明了：記憶中一時片刻究竟有多長，其中關鍵性因素，或許並不是單單儲存規模一項而已，說不定還包括發生在事件周邊、當事人認知到的一些變化，例如，當時大家在做什麼，或者背景事件是什麼。

這個模式倒過來推也對。當時間過得很快，人們通常感覺自己所做的是較愉快的事。心理學家和計畫者，偶爾會利用這種「時光飛逝」現象，來遂其之志。例如，心理學家米德（Robert Meade）就在某項計畫案中，以加快工人的心理時鐘，來提振士氣。米德巧用的原理是：當人們相信自己朝目標邁進時，就會覺得時間過得較快。米德發現，可以透過一些簡單的程序，來提升工人往目標邁進的進步感，例如，設立工作的最後截止期限、提供達成目標的誘因等。米德在實驗計畫進行之前，聽過工人有以下的抱怨：「怎麼一天好像過不完似的」、「我覺得似乎在這裡待了一天了，卻偏偏還沒到午餐時間」。而在建立了工人的進步感後，抱怨變成了以上的宣告：「怎麼一天過得這麼快，我覺得好像才開始嘛！」當然，我們很難確切地明白，要把時間經過的速度加到多快，才能引起愉快的經驗，反之，我們也不曉得，要有多愉快的經驗，才會覺得時間過得比較快。不過，上述這兩者之間的因果關係，比起工人士氣提振的單純效果，反而並不是那麼地重要。資方或許很高興看到：生產力的加速升高通常伴隨士氣的提振而來。

●急迫程度

事情愈緊急，人們就愈覺得時間過得慢。孩子受傷時，做父母的就會覺得送醫的過程好像永無止境。熱戀中的人等著情人回來時，也總會不由自主地一直數著過了幾分鐘。一個熱切期盼孩子的婦女，當她察覺中年的腳步逼近時，或許會對自己的生理時鐘發狂。急迫造成時間過得慢這個法則，可以廣泛延伸到其他事上：從基本的心理需求，到大範圍的文化所產生的需求等。

銷售員最知道創造急迫感會有什麼神奇功效。限時供應一向是主流的行銷策略。許多商店都會定期舉辦一天或一小時，甚至是五分鐘的降價活動。汽車業務也常把特價優惠的截止期限，拿給顧客看。電影廣告商更是特別喜歡創造急迫感。最近有家戲院的招牌上，就拿時間急迫來做訴求，他們在放映場次中選了三個不同的時段，加註了宣告：「獨家播映，預售票即將售完！」

我自己一直最喜歡的一個看板，是派托·比斯摩（Pepto-Bismot）的廣告，巨幅的看板就矗立在洛杉磯市區外十五哩的聖塔安娜高速公路上。看板圖案的中間，是一個像賈漢·威爾森（Gahan Wilson）那類型的角色，一臉痛苦和著急的表情，令人難受，他駕著車疾駛在同樣的聖塔安娜高速公路上，上身趴在方向盤上。這幅卡通圖案的下方，大大的鋸齒狀字體寫著：「腹瀉嗎？最後十五分鐘最難熬。」而在那行字的下方，是派托·比斯摩微笑的商標藥瓶，還有一句廣告詞：離家時，千萬帶著它。

在處理急迫事務上，每個文化都有其約定俗成的規範。到國外去旅行的美國人都很清楚，他們的態度在其他許多國家，都和當地人格格不入，即使同屬第一世界的西歐國家也一樣。在大多數的情況中，美國人通常要到尿意非常急的時候，才會去找廁所。典型美國人在「舒適滿足耽擱延後」(delay fo gratification) 的調查中，分數都很高（意思是他們都可以憋尿憋很久），他們覺得很光榮，而心理學家也經常把這種特性，拿來跟情緒的成熟度及其成績畫上等號（暗示說：愈能憋尿的人，情緒愈成熟）。然而，此事不好的一面是，這種不願意處理立即需求的毛病，最後會導致不必要的不愉快感受。對於美國人這種冒險讓排洩習慣不成熟的舉動，人類學家霍爾的觀察似乎值得注意：

> 美國公共廁所的分布，反映了我們對這項正常心理需求的拒絕傾向。世界上沒有其他哪個地方，像美國這樣，一出了家門或辦公室，就要定期忍受煎熬，因為大家都花了好大的工夫，才把公廁都藏了起來。不過，美國人偏偏又以人家的水管技術來判斷對方是否先進。建築師和業主在討論新商店的廁所時，你一定會聽到以下的對話——業主說：「嗯，這個洗手間很不錯！不過好像要看地圖才能找得到。」建築師說：「真高興你喜歡我的設計。在這個廁所上，我可是花盡了所有的心力，好不容易才找到配得上的瓷磚。你有沒有注意到，洗手盆裡那個防止水花濺起的碳酸水龍頭？的確，要找到這個洗手間是有點困難，但是，我們認為，大家只有在需要用的時候才會去用嘛，何況還可以去問問店員或其他人。」

換句話說，某些當下就可解決的事，有些人卻偏偏要設計得大費周章，不找本字典翻譯說明一下不能完事！

活動的量

經常盯著時鐘或烤爐調時表的人，早就狐疑過：當有什麼任務需要很投入，或是挑戰性很高，需要大量心智活動，或是很多事件同時展開時，時間，總好像是過得特別快一些。事實上，有個實驗很貼切地證明了：對一些光顧著一壺水在開的人來說，時間的排遣就要比別人要慢一些。換句話說，當事件的節奏快的時候，一時片刻也就會顯得遭到壓縮。事實上，要了解一個文化的心理，光靠單一的時間面向，還不如了解其人民對活動與非活動的態度，以及這些事件與非事件又如何影響時間的心理流程。

在美國大部份地區，一般說來，保持忙碌是件好事，而無所事事則視為浪費光陰。什麼也不做的話，時間就形同死亡。在美國，甚至休閒時間也要詳加規劃，多采多姿。我們置身的文化中，大家忙碌著追尋放鬆，或是花錢來取得休息，都已經是見怪不怪。有時候，生活的主要目標似乎就建構在如何規避無事可做的尷尬，甚至恐怖。

然而，在許多文化之中，有事可做與無事可做之間，差異並不是那麼大的。在汶萊，早上大家醒來所問的是：「今天有哪些事不會發生？」在尼泊爾和印度，我目睹朋友之間相互造訪，但不過是光坐在那兒什麼聲音也不出。他們極為自在於這種造訪。（當然不包括我在內。）有時候，這種沉默會持續好幾個小時，其間，偶爾會有一段談話突如其來地迸出，這時大家往往就笑得不亦樂乎。然後，一切又回歸沉默，很可能一直沉默到客人起身告辭。當我問他們這樣在一起無所事事會不會有什麼不自在的時候，這些人似乎都被問得一頭霧水。他們說：光是坐在那裡，也是在做什麼呀。

作家霍芙曼（Eva Hoffman）不久前有東歐一遊，她就解釋了自己是怎樣逐漸体會到別人是如何接納沉默的：

> 現在，我們再次等下去了。面對著面，默不做聲。巴爾幹時間。我們坐在那兒，就像禪師那樣。沒什麼尷尬；沒什麼套熱乎的點頭或微笑。我開始發現自己在很奇妙地放鬆。我對事件的覺知，在做另一種轉換：你不再堅持非得完成什麼計劃，你開始等待有什麼事情可以發生。

在她的旅途中，霍芙曼逐步了解：接納沉默的本身，需要對變化的動力，以及人性的本身，抱有很大的信心：

> 總有些事情會在接下來發生——我已經完全擁抱這個原理了。這個世界不會就此消失，人類也是。就大体而言，人類還是助益而非危害。

等我們懂得珍惜沉默之後，沉默就不再是浪費時間，不再是時鐘上的拖延。在某些文化之中，什麼也不做，是受到高度肯定的。停止動作，不光是被視為行動中的一個休息，更代表著高度創意與高度生產力的一步。舉例來說，日本人對「間」這個概念就推崇無比。（「間」大致可解釋做物体與物体之間，或行動與行動之間的空隙或間隔的意思。）在西方人來說，桌子與椅子之間的空隙，可以說是空的。但是在日本人來說，這個空隙卻可以說是「充滿著無」。對日本人來說，沒發生的事情，往往比實際發生的事情還重要。這個觀念經常困擾到西方來的訪客。舉例來說，要了解日本人語言交流的涵意，注意有哪些話沒有說出來，有時候比注意哪些話說出來還要重要。也因為如此，光是了解「是」與「不」的區分，有時候對一個天真的外國人就受益匪淺了。雖然日本人有一個很明確的「不」字，但事實上他們很少用到。就大多數問答而言，不論應對的人的意思是「是」還是「不」，他們的回答通常都是「是」，或根本不予正面回答。上田圭子在她的論文〈在日本十六種避免說「不」的方法〉中指出，日本人受的教育是：正面回絕別人，是很不禮貌的。因此，日本人希望問話的人要聽得懂他沒講出來的話。通常，這種意在言外的「不」，有兩種表達方法。最常見的，是在回答「是」之前，先停頓一下。應對的人在講出「是」之前的這種停頓越長，這種「是」意味著「不」的可能性也就越大。第二種，更顯而易見的，就是顧左右而言他。不論是哪一種方法，沉默在其中都代表著意義，而表面上說出來的話，則要懂得不能當真。

瑪麗謝拉・葛米茲，在約翰・霍布金斯大學攻讀藥理學。她有部份瑪雅人的血統。在她生長的文化中，學到什麼事情等別人先開口的道理。在美國，這習慣卻經常為她帶來困擾。「真頭痛。因為別人以為我沒什麼好說的了。有時候，我發現：在你等著發言的當兒，答案都一一出現了。在美國這個社會，因為每個人都要有自我的主張，所以，每個人都迫切需要把自己的意見搶先表達出來。往往，如果我等得太久了，我的意見就會有別人講了出來。」她接著說道：「還有時候，如果你等太久了，話題就變了，於是你的想法又不相干了。總之，搶先表達的需要，似乎比適切地表達還來得重要。」

木戶法子在日本是個精神科的護士，刻下正在喬治亞醫藥學院攻讀博士學位。她對瑪麗謝拉的難處完全感同身受。「在我國，大家根本不必搶著講話。我們講話之前總是有時間思考一番……我們會有一段沉默的時間有助於整理一下各方訊息……也總會有人注意整個團体，所以不會有人被冷落在討論之外。我們那兒不會發生這種事。可我的美國朋友都說我該更自信一些。」有一次，另外一位日本朋友則更不客氣地告訴我：對西方人來說，「講」的相對並不是「聽」，而是「等著講」。

對大多數西方人來說，沒有明顯的活動，就表示沒有事情在發生。然而，在這個世界上的許多人卻認知到：生命光是在表面上的平靜，並不表示變化就此不在。一些沒有任何活動的期間，可以理解做下一步意義深遠動作的必要前奏。打個比方，據說中國人就是最懂得等待適當時機的高手。他們相信等待的本身就會產生這個適當的時機。要等多久？要等多久就等多久。非要人為地刪減這段蘊釀期不可，就好比建一個大廈卻草草了事地處理地基一樣荒唐。卡里斯（Helmut Callis）寫過：「在中國人的觀念裡，半個世紀的等待不算太長。」他的估算，在很多亞洲學者看來，還太保守了。我們可以很明白地看出：表面上沒有什麼動作，並不是在所有的文化裡都代表同一個意義，同時，也不表示一定就會使時間推動得更慢。

●多樣性

活動的多樣性越大，時間就似乎推動得越快。缺乏多樣性，是導致無聊的主因。而無聊，就其定義的本質，又從心理上拖慢時鐘的步伐。

然而，就行為如何才算多樣而言，央格魯撒遜血統的美國人標準，絕不是置之四海而皆準的。央格魯撒遜血統的美國人文化，不論從時裝到娛樂到他們選擇居住的城市與家園，都沉溺於快速而恆常的變動。然而，這個世界上的大多數人，就算他們已經擁有各種資源，卻是習慣於明瞭自己終其一生將如何生活，如何工作，甚至如何飲食。

在美國，今天最熱門的事物，明天就成為垃圾。佛烈德・特耳克，是我在巴西那年的同事。他是美國公民，成年後的泰半時間卻任教於南美洲各國。「我不知道有朝一日是否還能再回去美國生活。」他告訴我。「每次回去，我都會為自己那種局外人的感受而大吃一驚。每次回去，大家好像都把昨天的流行櫥窗徹底清除了一遍。不只衣服，包括音樂，藝術，以及一切一切。甚至連語言都似乎在變化。我永遠搞不懂應該怎麼穿著，如何應對。有時候，特別是和年輕人，我簡直聽不懂他們的談話。」

特耳克描述的，還只是美國人在以週和以月的時間單位中，對變化的沉溺。換了以秒為單位的變動，更可以觀察到大家對多樣性的追求誇張到什麼地步。舉例來說，我們可以從電視機觀眾越來越短縮的注意力持續時間得證。遙控器和有線電視台的普及，製造出媒體分析家口中所謂的「擦台人」（Grazer）。近來的研究指出：這些觀眾每分鐘轉台的次數高達二十二次，或是說每二・七三秒就要轉台一次。在他們眼中，電波媒体的所有節目，都是正餐前的小菜，而每一道小菜都要抽樣品嘗一下，不管這品嘗的效果到底如何。把這些整天擦台而過的人和印尼當地的人比較一下。他們的主要娛樂就是月復一月，年復一年地看一些戲曲和舞蹈。每一名觀眾對戲曲的每一段旋律，每一句對白都一清二楚。但是大家卻一次又一次地回來看個心滿意足。

再談談真正的「前菜」好了。尼泊爾有許多雪巴人經年節食。終其一生，他們的三餐菜色都沒有變化：馬鈴薯，茶，以及晚餐後馬鈴薯釀的酒精飲料。有一次，我在尼泊爾的村落間旅遊，一連七天都是早餐吃馬鈴薯煎餅，午餐吃白煮馬鈴薯，晚餐則是「雪巴燉菜」（猜猜是燉什麼？）。結果，除了我之外，沒有人覺得這有什麼不對。

●不涉及時間的工作

我們所從事的工作，以及所需要的技術的本質，也許也會深刻影響我們對一時片刻的認知。加州理工學院的生物心理學家史派里（Roger Sperry）和他的同事做的一項研究得了諾貝爾獎。在這個研究裡，他們證實我們兩個腦半球分別容易專注於不同類型的訊息，並會以不同的方式來處理這些訊息。

左半球的認知途徑是：語言性的，分析性的思路。最擅長的是需要分類，計算的工作，逐步規劃的計劃，根據邏輯來做的理性陳述，以及對時間有所控制的工作。右半球的認知途徑則是非語言的。擅長於直覺的，主觀的，聯想性的，以及不涉及時間的工作。粗略地說，我們有兩種不同的意識，或可以名之為左半球意識與右半球意識。傑爾・李維（Jerre Levy）是左右腦分析領域裡的頂尖學者，他就說：「左半球分析的是時間，右半球處理的則是空間。」

所謂不涉及時間的概念，指的是當大家完全對時間無所意識的狀況。有些人在從事需要右半球思考的行為時，往往難以判斷時間的長短。這並不是說心理上覺得時鐘的速度加快了（雖然事實如此），而是說這種心理狀態根本就好像存在於時間以外。不管生活的腳步在我們週遭如何快速地展開，一旦我們進入不涉及時間的狀態，就時間的角度而言，也就是進入一種休息狀態。

對大多數人而言，這種不涉及時間的思考最常發生在非語言性行為中，諸如藝術或音樂創作。這一類工作需要注意安排空間裡的因素，讓這些因素拼組起來合成一個整体。如果某些工作必須把語言及分析性思路扔在腦後的時候，這種狀況尤其可能會發生。舉例來說，許多指導藝術創作的人都相信：自我認定不是藝術創作的料，因而連條直線都沒法畫的人之所以如此，就是因為他們是以左半球的狀態在繪畫，而藝術上的表現需要右半球狀態的思考。為了指導這些希望進入藝術殿堂的學生能夠以合適的狀態來觀察（幾乎所有的藝術家都同意：進行視覺藝術的創作，主要需要觀察的練習），像貝蒂・愛德華（Betty Edward）這種受歡迎的老師，開發出來一些練習可以逼使學生脫離邏輯，語言以及分析的狀態，從而進入右半球狀態的觀察。舉例來說，練習上下顛倒的繪畫（臨摹一張上下顛倒來看的照片），或是去畫負性空間（negative space，就是畫出物体與物体之間的空間而非物体的本身）。這些工作都會抵制左半球狀態刻板的分析性思考，要求學生不要懷有任何先入為主的觀念，把每樣元素都如實地觀察。貝蒂・愛德華告訴學生：有個方法可以知道他們是否觀察得很正確，是否通往學藝的正路，那就是他們是否能夠忘懷時間。

入流的觀念

也許，不涉及時間的思考，也就是右半球狀態特色的極致，在於心理學家齊珍米哈里（Mihaly Csikszentmihalyi）所謂的「入流」（flow）。當一個人全心全意地投入手邊的某個工作時，就可以體會到所謂的「入流」經驗。當「入流」的時候，人們似乎會置身於時間之外，甚至自身之外。齊珍米哈里觀察藝術家在自己的工作上以絕對的專注投入無所節制的時間，因而注意到入流的概念。藍格爾（Madeleine L'Engel）則把藝術家的創作比喻作孩童的遊戲：「真正的遊戲，需要真正的專注。這時候的孩子不只是置身於時間之外，他甚至置身於自身之外。他已經把自己徹底投入到正在進行的事情之中……他的自我意識已經消失，他的意識完全集中在自身之外。」發展出自我實現概念的偉大心理學家馬斯洛（Abraham Maslow），有一次表示：一般說來，有創意的人「總是徹底埋首、熱衷、忘情於目前的狀況，也就是當下、手邊的事務。」他們也會失去對時間流逝的感覺。齊珍米哈里則發現：「當意識完全啟動並整理的時候，小時是以分的單位在流逝的，偶爾，幾秒鐘的時間則可以延伸為永恒的感覺。這時候，時鐘就不再是時間經驗品質很好的類比了。」

還有一點很清楚的是：某些文化群体，特別容易傾向於右半球的思考狀態。舉例來說，印尼的峇里島人，就一直被認為是擅長於右半球思考狀態，而美國的央格魯撒遜人則比較傾向於左半球思考狀態的特色。這些差異，很明白地呈現在他們對待時間的態度裡。峇里人的日常行為裡，都是宗教，音樂，戲劇，以及藝術的事務。他們經常把時鐘上的時間稱之為「橡膠時間」。舉例來說，如果你問一位峇里島的公車調度員：「這班公車應該在幾點鐘出發？」最典型的回答會是：「四點鐘，橡膠時間。」

充滿不涉及時間狀態的生活，往往會有一種極為遊戲化的面貌。齊珍米哈里指出：之所以會如此，「當一個文化的演進過程中，其目標及標準和其人民的技藝搭配得天衣無縫時，其人民就得以非比尋常的頻率與深度體會『入流』的感覺……此時，我們可以說這個文化的本身就成為一場『大遊戲』。」這個說法把峇里人的生活形容得極為貼切。

當然，即使是最能引發這種不涉及時間狀態的工作，不同文化之間，或同一種文化之間，仍然可能存在著很大的差異。舉例而言，有些證據顯示：在日本，音樂是比較和左半球狀態相關連的，而在美國，則是和右半球相關。甚至有人說：不同類型的音樂，也會造成不同的差異。結構性越強的音樂，譬如說維瓦弟的巴洛克風的協奏曲，就要求比較多的左半球狀態，而比較印象派的音樂，譬如拉維爾或是德布西的音樂，就和右半球狀態結合得比較密切。

時間的巔波

時間有一層恆常變動的表面組織。有些時候，時間的流動是流暢又平順的，但另外有些時候，時間的流動卻是起伏不定，粗細夾雜，輕重交錯的。雖然這些起伏的個別本質會因為文化和個人不同而有所變化，但是每個人對某些時候的感觸會有別於其他時候這一點，則是無從置疑的。

物理學家已經證明：宇宙的時間（也就是從大爆炸到現在）並不是平順又連續的。左右央格魯撒遜美國人思想的牛頓派學說，則剛好相反，他們的隱喻是：宇宙時間的進行，正如同鐘錶的指針那樣平順地移動。愛因斯坦相對論的根本出發點，在於要了解時間並不是絕對的。在次原子的層次上，我們已經知道粒子是時間上是可以同時前進又倒退的。照場論（Field Theory）的說法，每個粒子都有其特定的能量節奏型態，每個粒子都似乎依照自有的節奏在躍動。也許，物理時間最神祕的變化乃是發生在宇宙那個著名的大黑洞裡，就一名洞外的觀察者而言，那兒的時間等於是完全靜止不動的。

新的物理學則把物理時間的行進形容為「巔波」。在空間裡巔波（嚴格說來，是在空間時間space-time裡的巔波），導自於重力的動能。在人文時間的心理經驗中，也可以說是同樣的道理。不像時鐘時間那樣一成不變地移動，心理時間的移動在某些時間會比較巔波，而在另一些時間又比較順暢。

在一九六〇年代，大家寫了一些電腦程式來解讀文句的意義。其中有一個程式拿來分析一句和時間移動有關的所有相關意義：「時間飛如箭」（Time flies like an arrow.）結果，分析的意義如下：

1．時間的行進，一如一枝箭。（也就是說在速度上和方向上的相似。）

2．我們應該衡量一隻蒼蠅的速度，一如我們衡量一支箭的速度。（譯註：飛的英文fly，另一個解釋是蒼蠅。）

3．我們應該衡量一隻蒼蠅的速度，一如一支箭在衡量一隻蒼蠅的速度。

4．我們去衡量所有和箭的速度相似的蒼蠅的速度。

5．某些特定種類的蒼蠅，譬如時間蒼蠅，很喜歡箭。（譯註：「如」的英文like，另一個解釋是喜歡。）

於是一位電腦程式師加上了他自己的註解：「時間飛如箭，水果飛如香蕉。」（Time flies like an arrow; Fruit flies like a banana.）（譯註：這裡是雙關語。也可以譯為「時間蒼蠅喜歡箭，果蠅喜歡大香蕉」。）

我們心理上對時間的感受，其遭到扭曲的狀況也沒有好到哪裡。時間到底是以什麼樣的速度在流逝著？這要看你問的是什麼人，以及在什麼地方問的。

第三章

鐘錶時間的簡史

美國，曾經有七十個時區。法國大革命的時候，一天是十小時。史大林曾經規定一星期是五天。

沒有任何事物比時鐘的指針，更能鮮明地代表生命中快速的步伐了。默片喜劇演員哈羅・洛依德（Harold Lloyd）在熙來攘往的街市上空的八層樓上，掙扎了二十分鐘的場面，以及達利畫的那幅超現實沙漠裡溶化的計時器，都讓我們永難忘懷時間就是個最霸道的獨裁者。

文學也是如此。時鐘經常是同樣惡毒的主角。梭羅說過：「如果有人沒法跟上他同伴的步伐，或許因為他聽的是不同的鼓聲。」這大概是有關生命節奏的名句裡，針對時鐘制約的社會最有名的一句了。這些年來，梭羅在文壇上的許多後人，都針對如何幹掉那個鼓手提出更直接、更挖苦的說法。在《湖濱散記》發表一百多年之後，衛斯特（Nathanael West）在一本書裡幫許多人講出了他們要講的話：「各位印第安先生，不要誤會我。我不是盧梭派的哲學家。我知道你們不能把時鐘恢復原樣，可是有一件事情你們可以做。你們可以停止那個時鐘，你們可以把它砸了。」

從最早問世以來，機械式的計時器就不是光用來標示活動的起止而已。它們還要指揮其間的進展。如同梭羅及衛斯特這些評論家所擔心的，這些計時器還把行動的速度，以及社會的步伐都規律化了。時鐘上的時間，在日常生活的步調上起了革命性的變化。在事件的打發上，時鐘時間需要你投入沒有任何折扣的規律。在管理上，我們幾乎可以認為：推動生產的，就是時鐘那反覆又規律化的擺動。然而在另一方面，對社會評論家來說，時鐘又經常代表著時間上森然的單調。然而，雙方都會同意的是：時鐘的規律性經常會把事件進行的速度推展到前所未有的地步，對很多人來說，這種地步遠超出他們可以接受的範圍。

對工業社會裡大部份人來說，活在時鐘之下是理所當然的。如同一位社會學家所觀察的：「在現代社會沒有正確的時間，就等於沒有勝任的社會能力。」大家也許會掙扎著想要擺脫時鐘時間的控制（最起碼想要有點休息的時間），但是到最後，滴答人還是會一夫當關地控制著生產，以及所有的進程。物理學家萊特曼（Alan Lightman）在描繪義大利一間虛構的小鎮時，把這種宿命的感覺抓住了：

於是，在義大利的一個小鎮上，第一個機械式的時鐘開始打造了。開始，大家都入迷了。後來，則嚇壞了。這兒，人類發明了把時間的流逝量化的方法，圓規和長尺把慾望的尺度表現出來，生命的移動幅度也一點一滴地刻劃出來。這真是奇妙，這真是難以忍受，這真是超出了自然的法則。然而，時鐘是不能忽視的，只能膜拜的。

然而，真的看一下歷史，可以發現時鐘文化的出現，其實是很近期的事。就大多數人類文明而言，就算有人想要打卡，也不見得有卡可打。對我們大多數的前人而言，目前我們被時鐘主導的快速反應與生活步調，是沒法想像的。導致今天時鐘以及時鐘時間神祇般的地位，是一系列事件造成的。從這系列事件的研究，我們可以得窺由自然時間到時鐘時間的進化過程。

計時器的簡史

滴答人(Ticktockman)，身高高六呎，平常不做聲。但只要事情照著時間做，他就會心滿意足地哼兩聲……大家都稱他滴答人。但是沒有人會當面這樣稱呼他。你不會叫一個人他所不喜歡的名字……因此大家都稱他做「守衛時間的大師」……

艾利遜，《懺悔小丑》

古代的天文學家，有能力區分年份轉換，某種程度上，也有能力區分月份的轉換。然而，計算小時的單位，卻是相當現代的發明。決定分、秒的存在，則是更近期的事情了。日晷，可以說是人類有史以來最偉大的發明之一。早在五千五百年之前，人們就發現豎一根棍子，等太陽比較降落的時候就可以拉出比較長的影子。這種工具當中，最原始的一種型態就是光在地上插一根棒子（希臘人叫這種棍子gnomon，取其「可知」的意思），來駕馭陽光和陰影。後來一些比較精緻的設計，像是在英國古代石柱群中的發現，可以讓大家把時間分割為比較有意義的單位。於是，人類有史以來頭一次不但可以記錄時間，還可以據以約會。（譬如說，太陽照的影子出現在第二塊石頭的一個巴掌寬的時候。）最後，大家則發明了一些極為精細的工具來計算白天的時間。舉例來說，古代的歐洲人發明了一種日晷，大約一呎長的橫棒上，一頭豎了一個小小的T字型東西。這個T字型的東西沿著橫棒投下陰影，橫棒上也就刻滿了比較可以更精確地計算時間的刻度。早上，立著T字形的那一頭橫棒就指向東方，過了中午，則掉頭朝向西邊。有一個圖特摩斯三世（Thutmose III，紀元前一千五百年左右）時代的這種工具，一直留傳到今天。

可是，日晷畢竟不是個可以細求精確的工具。太陽躲入雲後，或是夜晚下山之後又怎麼辦呢？有個日晷上就刻著：「沒太陽，沒有用」。在這種不精確狀況下，時鐘只能用來衡量光度最夠的時刻（其實這時也只是粗略的估計）。當然，想要在某些夜間時刻安排些約會，就更沒有意義了。

接下來的計時器，就追求不論天候如何，不論白晝或黑夜，都可以計算時間了。這些革命性的工具中，水鐘是最早的嘗試。在頭一批日晷發明五個世紀之後，發明家開始用一個水缸裡滴出來的水量，來計算時間了。水鐘有各種不同的長相，不過利用的都是讓水流滴過一個洞，然後計算其滴量的原理。舉例來說，有個埃及的水鐘，就是用白石膏做的壺，內部刻上刻度，底部則有一個小洞。當水流滴出小洞的時候，時間流逝多少也就可以借壺裡刻度下降的程度來觀察了。

有些水鐘雕做的十分精細。波爾斯汀在大馬斯革大清真寺東門外發現一個大水鐘，他如此加以描繪：

不論晝夜，每個「小時」到的時候，兩個銅鷹的嘴巴裡，就會吐出兩個光亮奪目的銅球，滾進銅杯裡。在銅鷹的頭上，是一排門戶。每扇門代表一個小時，門上另有一盞沒有點亮的油燈。在白天的時候，每當銅球滾下時，就會有一聲鐘響，然後，代表那個小時的門就關了起來。到了晚上，所有的門戶又都會自動打開，每當銅球滾下來，說明當晚那個小時到了的時候，門上的油燈就會帶著一團紅光點燃起來。如此，到最後天亮的時候，所有的燈都點亮了。

要維持這樣一個東西的運行，需要十一個人來全天候操作。

水鐘的來由，有一段很長又很有意思的故事。從古埃及時代開始，一直到一七〇〇年左右發明鐘擺，水鐘一直是沒有太陽的時候，最準確的計時工具。事實上，在大多數有記錄的歷史中，日晷是用來當白天的計時工具，水鐘則是夜裡。在古羅馬時代，日晷是用來衡量、設計水鐘用的。

羅馬人對時間極為重視。時間就是金錢。羅馬律師經常會祈求法官再多給他們一個水鐘的時間，以便為客戶陳述。所以，在羅馬人口中，「給水」就表示多給律師一些時間，而「失水」，則表示是在浪費時間。參議院裡，如果有人講話講得太長了，他的同仁就會嚷著叫人把他的水拿開。

然而，即使是最簡單的水鐘，也有一些問題。首先，在冷天裡，水的密度會變化，因而產生不同的衡量標準。第二個問題是：如何保持滴水的洞不要越滴越大。羅馬人為了避免水滴把洞口拉得越來越大，就在一些貴重的水鐘裝寶石來解決。（這也是鐘錶工匠後來使用寶石的濫觴。）

參考水鐘設計的邏輯，其他許多計時工具也都用上了會流動或是會消耗的事物。其中最有名的是燃燒油脂或是臘燭，當然，也有人用沙漏。中國人發明了一種香鐘。木盒裡裝了一系列相互聯結的小盒子。每個小盒子裡面都盛著不同味道的香。哪個時刻是燒那一盒香，先後燒的順序都是安排好的，所以，聞香的人只要聞到香的味道，就知道是一天的什麼時候了。

僧侶的需要

在歐洲，最早的機械化計時器，是在十四世紀左右問世的。這些工具既沒法指出很小的時間單位，也沒法予以衡量。大体而言，其精確度和水鐘相仿。最早，發明時鐘的唯一一個理由很明確：通知僧侶誦經禱告的時間到了。在這之前，僧侶主要是倚靠沙漏，但是沙漏要不停地翻過來倒過去，很不方便。事實上，在某些修道院裡，要指派專門的僧侶來徹夜值班負責沙漏，以便晨間的僧侶可以準時進行早課。早期的時鐘，不過是在指定的禱告時間敲出聲音就好了。這些後來大多成為社區時鐘的工具，在鐘面上其實連指針和時間刻度都沒有。設計的主要功能在出聲而不在顯示。中世紀的英文「時鐘(Clok，不是clock)」這個字，是從中世紀的荷蘭文和德文而來的，意思就是「鐘(Bell)」。早期的機械化計時器要不是會出鐘的聲音，根本不會被當作時鐘來看。時鐘的鐘面要加上指針，(最早還不過是時針)，是又過了幾百年之後的事。

早期靠重量來推動運作的時鐘（不管它是水鐘還是香鐘），其定義的速度很難為今天的工業化社會所接受。(在今天社會裡，金錢的價值是以小時，分，秒，甚至幾分之幾秒來決定的。最近我就接過一張帳單，通知我支付使用一台電腦一．六八三二秒的費用。)當唯一的計時器連分針都沒有的時候，我們就知道今天所定義的快速，已經派不上用場了。只有當時鐘的發展可以指出更細微的時間單位時，所謂「準時」，或是為了「遲到五分鐘」而道歉的行動才有意義。在這之前，你要一位朋友「在五點四十五分來見我」，等於要一個沒有月曆的人在十月二十七號這一天來找你是同樣的意思。

計時器的硬體技術，要到快十六世紀結束的時候，才隨著加俐略發明鐘擺原理才有所真正的突破。加俐略發現：在鐘擺擺動的幅度和週期之間，有一定的關係。又過了幾十年之後，大約是一七〇〇年的時候，一位荷蘭數學家惠基斯(Christian Huygens)發明了第一個鐘擺。這些最早期的時鐘，每天的擺數總要差上十秒。人類早在數千年前，就很有辦法地測量出季節、星期，甚至晝夜時數的變化。但是要精確地指出生活裡的小時，卻要到最後這三百年，仰賴鐘擺的發明才得以成真。而分和秒還都談不上。

也就在第一批機械式時鐘剛可以標示出小時的單位不久，英文辭彙裡也第一次出現

「速度（speed）」這個字（最早是spede的字樣）。到十七世紀後半，則開始有「準時（punctual）」這個字來形容一個人精準地按照約定時間赴約。（punctual這個字原來有雞毛蒜皮的事也挑剔的意思。）又過了一個世紀之後，「精準（punctuality）」這個字才開始有它今天的用意。

手錶的發展

計時器不只是演變得更為精確，同時也更加深入了我們的私人生活。在《手錶：一世紀開發的歷史》一書中，卡勒（Helmut Kahlert）和他的同事一起編輯了大概是最容易為人理解的手錶相關的討論文集。他們觀察了手錶在歷史上是如何一步一步地接近我們。在中世紀的時候，計時器是屬於公眾場合的裝設，後來進入家庭，後來成為可攜帶的掛錶，現在則可以植入身体了。「除了特殊用途的心律調整器之外，腕錶已經是這一波發展的最後階段了。起碼目前來說如此。」他們如此寫道：「腕錶已經近如肌膚，隨時可見。」也有人對這種發展沒那麼樂觀。他們也許比較同意馮拉德奇（Sigmund von Radecki）的說法。馮拉德奇在本世紀初就說：腕錶是「我們這個時代的手銬」。

腕錶的錶面會設計成我們今天所熟悉的模樣出現，是一八五〇年之後的事。（最早的腕錶錶面，是斜著的。）然而，有段時間大家還認為這種設計很失敗，馬上就要被淘汰了。一九一七年，一位德國教授反映了鐘錶業大多數人的看法，卡勒和他的同事將之予以引述：「大家把鐘錶戴在身体上最沒有休止的一個地方，還整天暴露於溫差變化最大的部位，這真是最白痴的一種設計，我們希望馬上就可以消失。」不過，他的預言沒有成真。

到一九八六年，全世界生產的手錶，一年就有三億隻。

接下來的兩個世紀裡，計時器的改進極為快速。今天我們生活的社會裡，電腦是以十億分之一秒來計算的。科羅拉多州波德市的「美國國家標準與技術協會」（NIST）最近公布了一種電子錶，叫作NIST-7，一百萬年也不會快慢超過一秒。他們相信：就機械層面而言，這種原子錶要比前一代進步太多了。因為NIST-6才不過能保證三十萬年。（除了物理學家之外，誰還會對這種準確程度感興趣？）

如同物理學家霍金（Stephen Hawking）所指出：今天我們測量一段時間的準確度，遠高於我們測量一段距離。因此，距離借由時間的單位來定義時，最為精確。一公尺的距離，可以定義為光速前進〇・〇〇〇〇〇〇〇〇三三三五六四〇九五二秒的距離。或者，我們還有一個更方便，更新的距離丈量單位，叫做「光秒」（light second），光秒就是光線在一秒鐘時間內行進的距離，可以用來定義時間，也可以用來定義距離。

今天的消費者，以不到一件T恤的代價，就可以買到一件計時單位小到百分之幾秒的手錶。其結果是，今天在公眾場合，每到一個小時的開始時，電子錶的嗶嗶聲響就會形成一片美妙的合音。諷刺的是：我們越是追求精準，往往卻突顯了其失準。我總覺得有趣的一點是：雖然理論上這些電子錶的聲音應該在百分之幾秒內的時間繼相繼停止，但是實際上的嗶嗶聲卻總是在不同的時間此起彼落。我講課結束的時候，教室裡各個角落傳來的電子錶聲通常會持續好幾分鐘。然後，總會有一個特立獨行的先生，在又好幾分鐘之後，再響一聲來打斷我的發言。

不過，對許多生命本身就投注在精準上的人來說，今天手錶的準確度已經是難能可貴了。有一次，我把自己對電子錶發聲不夠同步的觀察，講給一名電台的主持人聽。他則回應了一個他自己的觀察。這個觀察發生在一次全美播音員大會上，和我的例子大相逕庭。參加大會的人幾乎都戴著一個手錶，而當每個小時開始的時候，幾乎所有的手錶都在同一剎那響了起來。那位主持人的感覺是：一時之間，迴蕩在那個房間裡的聲音，「幾乎是有點詭異」。在一個幾秒鐘的時間代表幾十萬美元的行業裡，大家對時間精準的堅持已經接近完美。

「中無的故事」

今天，在時間表和行程表的時代裡，當我們讀到希羅多德這位古希臘偉大的旅行家以及學識豐厚的人物，卻沒法找到「小時」這個概念，甚至苦思一個適當的用語也不可得，是很有趣的一件事。在他那個時代，以及其後很長的一段時間裡，人類活動的目的，就是為了充作衡量時間的一個標準，而不是時間充作衡量人類活動的標準。

薩萊（Alexander Szalai）

對一個技師而言，發展精準又為人負擔得起的計時器，可以提供大家經過計算又協調的生活的可能。可是，大家為什麼選擇了要實現這個可能？時鐘為什麼成為主導生命節奏，而不只是純粹在事後做個查核記錄的工具？要了解時鐘為什麼會發展成今天全能的地位，遠不只是技術層面所能解釋的。人類會轉向對時鐘的遵循，牽涉到複雜的經濟、社會、心理力量，以及非常主動的行銷手法。當然，這種變動發生的時機也恰到好處。

在最早的機械式時鐘還沒有發明出來之前，要想協調各人之間的活動，幾乎是不可能的。因此，所有的約會都必須定在黎明時刻。歷史上那麼多重要的事件，不論是戰爭，決鬥，還是會議都選在黎明時分，不是巧合。

歷史學家布洛克(Marc Bloc)講過一個這種約會的故事。中世紀的時候，在蒙恩(Mons)地區，有兩個人約好了在「天亮」(Dawn)的時候決鬥。但只有一位先生現身。先到場的這一位等了又等，一直到他認為是「中無」，過了九個小時的候駕最後期限。(當時稱「中午」〔noon〕為「中無」〔none〕)。然後他就要求裁判把他對手的懦弱記錄下來，自己匆匆離去。然而，問題是：裁判們爭論了好久，並沒有就這個人離去的時候是否已是「中無」這一點達成協議。最後，大家必須召開一場聽證會。討論過各方證據，諸如太陽的位置等等，再參詢許多在這方面學有專長的書記員，再經過冗長的辯論之後，大家終於認定「中無」的說法成立。先到的先生正式被記錄為勝利者，沒到場的人被認定是懦夫。

這個事件是布洛克筆下，中世紀人們「對時間漠然」的典型代表。在工業時代之前，對時間的認知主要來自於環境的需求。大自然會要求什麼時候要下種，什麼時候收穫，什麼時候又只管坐在那兒什麼也不要動。

服從大自然時鐘的傳統，可以回溯到文字歷史的起頭。舉例來說，古代的埃及月曆，就是一張尼羅計（nilometer），垂直的表來衡量尼羅河水的漲跌。今天，一些沒有工業化的農業社會，仍然借助於大自然的時鐘。尙比亞的魯浮（Luval）族，就根據周遭氣溫以及作物的變化，把一年劃分為十二個長短不等的時間區隔。汶萊的巴汗人（Bahan）則把一年劃分為八個區隔，各個區隔反映一種特定的業活動，從砍柴到慶祝收成，不一而足。

新幾內亞的托布列安島人（Trobriand），每年的行事曆是從我們的十月到十一月中旬開始的。每年這個時候的滿月之後，島子的最南端會出現一種水蛭。這種水蛭現身之後，他們的一年就開始了。衣索匹亞西南方的墨希人（Mursi），也依賴月曆來指引他們的農業活動。但他們也辨認一些重要的農事，特別是一些會造成河水泛濫的大雨。因此，墨希人把月曆當作是可以討論與爭辯的東西。他們經常一面看著月曆過日子，一面補充些細節。

就一天的行事來說，大多數社會還是認為太陽是最合適的參考指標。月亮的圓缺，則是月份行事的參考。美洲的土著想要比較清楚地區分這一個月和另一個月的時候，有時候會給月亮取一些很有意思的名字，譬如「大樹冰凍起來的月亮」。

但，只要工業化開始，而大家負擔得起的計時器開始湧入，所有這一切就都改變了。可以肯定的一點是：在大多數狀況而言，當時鐘最初進入一個社會的時候，大家都會極為熱烈地歡迎。鐘錶可以幫助大家擺脫過去對無法信賴的計時方法的倚靠。一種新的時間會出現：「時鐘」的時間。其實，對時鐘時間的轉變，是一種社會地位的象徵。時鐘出現在繪畫和詩作裡。中世紀一位法國人，就唱過一首歌來頌揚時鐘：

你可以想一想
時鐘極為美麗又偉大
討人歡喜又有用
借由精妙的機械
不分日夜指引現在的時刻
沒有太陽也無妨
所以我們要用更多的理由
讚美我們的時鐘
儘管其他器具設計也很美麗又精確
但卻無法完成這些任務
所以首先發明這個工具的人
我們要稱呼他英勇又聰明
沒有他的高才與知識
出不了如此高貴又昂貴的發明

然而，儘管大家對這種新的發明十分迷戀，大多數人還是注意到：在他們生命中真正指引著時間，可以憑以求生的，仍然還是大自然。鐘錶可以用來當作比較精確的會議指南，也可以視為別有風味的裝飾品。但是在大多數人的生命中，農業活動仍然是最重要的時間事件，對他們來說，大自然仍然是最精準的指引者。現代的吟遊詩人鮑布•狄倫（Bob Dylan）曾經唱過：「我們不需要氣象員來告訴我們風往哪裡去。」這句話是大多數人都會同意的。直到十九世紀，大家認為機械式的鐘錶，其實是很差勁地模仿了自然界衡量時間的方式。

美國的混亂

> 時鐘不只是追蹤時間，也是協調大家行動的一種工具。工業時代最關鍵性的機器，不是蒸氣機，而是時鐘……開始時，時鐘和能量、作業標準化、作業自動化發展著各種關係，到最後，則發展出自身的特殊產品，也就是最精細的時間追求。時鐘是現代科技裡最頂尖的機器代表，在每個階段它都代表著最尖端的技術，代表著其他機器難望項背的完美。
>
> 門佛（Lewis Mumford）

讓我們再回到十九世紀中葉。當時，時鐘可以形成的組織化運作還遠在想像之外。雖然計時器的數量和品質都越來越進步，但是大多數人的生活仍然圍繞著自然事件的規律在運作。當時大家最難以接受時鐘時間的一個障礙，在於各個計時器之間根本缺乏一個統一的時間標準。時鐘越來越普及也越來越可靠，但是缺乏同步的標準，卻使得時鐘追求精準的努力顯得南轅北轍。專門研究行為科學的作者科伊思（Ralph Keyes）就如此指出：「各國，各省，甚至各個鄰近的村落都在使用不同的時間標準。有些地方把午夜當作一天的起點，有些地方是中午，有些地方是天亮，有些地方是日落。就算在機械式鐘錶發明之後，旅行的人每到一個不同的地方，就得重新設定他的鐘錶。」就許多方面而言，估算一天的時間之混亂，不下於中世紀決鬥時的例子。

歷史學家歐馬利（Michael O'Malley）寫了一本書《細看時間：美國式時間的歷史》（Keeping Watch: A History of American Time）。書中，他提到一段發生在一八四三年賓西法尼亞州波茨維爾鎮的選舉糾紛。投票所應該在七點鐘正式關閉，但是很多目擊證人說是直到八點二十分，還看到有人進去投票。是嗎？波茨維爾的《礦工日報》則如此說：「大家都知道，在我們這個區，其實根本沒什麼一定的標準時間。」根據這家報紙的主編觀察：在這個地區，大家鐘錶的時間出入在「一個小時」是很正常的。一位大選的觀察家使用三天前在費城調整過的精密時鐘，主張投票的確是在七點鐘結束的。但是，波茨維爾的時間畢竟不是費城的時間。輸掉的一方因而發動拒絕承認選舉效力的遊行。歐馬利如此寫道：

接下來的聽證會，暴露出這個小鎮使用多重的時間標準，如此造成的混亂及政治上的投機可以想見。好幾個當地的證人都說他們是用「海伍及史耐德鑄造場大鐘」當他們的時間標準。這個顯目的大鐘的確是很多人用來參考的指標，但是，最少另外有一位居民也表示他固定會把自己的手錶調得比大鐘慢十五分，因為「我覺得大鐘總是跑得比較快。」另外一位沒有手錶的選民則表示：「我是去吉氏珠寶店看的時間：當時已經八點過二十分了。」他還說：「吉氏家的鐘，總是比鑄造場的大鐘慢十分到十五分鐘。」另外一位鐘錶匠的證詞則是說：鑄造場的大鐘，要比他用來調整他店裡鐘錶時間的日晷快十五分。當地一家飯店的酒保，說他們「調得最準的鐘」指的是另一個時間：九點。還有一位米爾斯先生則堅持選舉是在七點過一刻鐘之後才結束的。

誰說的才是正確時間？沒有一個共同認定的標準，根本說不清楚。

事實上，就算十九世紀已經開始很久了，但是全世界仍然被許多互不搭調的月曆和時區所覆蓋。就歐馬利的說法，直到一八六〇年代，光是美國一地就有大約七十個不同的時區。工業革命改變了這一切。新的科技要求前所未有的統一行動步伐。時鐘成為舞台的主角。到一八八〇年，美國的時區降到五十個左右，科學家們則繼續要求實行更徹底統一的時間標準。

對此主張最力的兩個聲音，來自挫折感最大的鐵路公司和氣象預測單位。就發展日益壯大的鐵路公司而言，沒有可以協調的統一時間標準，就沒法提出理性又有效的火車時刻表，當然也就造成大家的夢魘。經常，相距不過幾哩的兩個車站就根據不同的時間標準設他們的時鐘，火車在前後站到站的時間經常先後顛倒。所以，火車站常常設兩個時鐘，一個代表鐵路的時間，一個代表當地的時間。舉例來說，在一八七〇年代，紐約州的水牛城火車站就有三個不同的時鐘：一個是水牛城的，另兩個是來往這個站的另兩線鐵路的時間。

氣象預報也面臨類似的問題。歐馬利的觀察如下：「氣象員很難掌握如何播報天氣預測。如果威斯康辛的某個站播報說：『現在是十二點，正在下雨』，讀到這個報告的人必須搞明白這個十二點就其他地方的標準來說，到底又是幾點。美國氣象局和國際地球物理學會的人都急於推動時間標準的統一。」

要求統一化的這些力量，主要都出於工業化的需求。但也不全然如此。也有一小批企業家是看出了把「時間」當作一項商品來推廣的潛力。其中，藍格利（Samuel Langley）和華爾多（Leonard Waldo）這兩位，就在時間統一化的進程中，扮演了關鍵性的角色。

時間成為商品

後來成為史密索尼協會（Smithsonian Institution）秘書長的藍格利，是最早以投資來推動大家對時間統一需求的人。一八六七年，藍格利接手經營在賓西法尼亞州阿勒赫尼市的一間氣象台，很快就著手改善其計時設備。接著他遊說了西方聯合公司（Western Union）把這家氣象台和阿勒赫尼市相聯結。沒多久，他籍由電報發送的途徑，針對匹茨堡各行各業，以氣象台時間訊號的名目，把「時間」當作產品銷售起來。舉例來說，在一八七一年，賓西法尼亞鐵路公司就正式聲明以阿勒赫尼氣象台的時間為他們的標準時間，並且簽下一年一千美元的合約來接收藍格利的訊號。藍格利也寫了許多文章，鼓吹採用單一標準時間而不是各行其是的地區時間的好處。他把地區時間稱之為「虛構時間」，「老古董」，以「地區度量衡」或「地區錢幣」來做比擬，而這些東西在「中央集權的過程，以及商業與旅遊的交互變動下」都早已證明是過時了。在藍格利的手上，時間成為一個商品。時間就是金錢這句話，也因而有了新解。

過了幾年之後，華爾多跨出了更大的一步。華爾多先是在哈佛，後是在耶魯一個類似的時間服務單位當經理人。華爾多的陳義拉得很高，他主張時間應該在科學家的管理之下。他說：「要調整出正確的時間，在本質上是件教育的工作。因為教導社會大眾在日常生活裡保持一定的精準度要求，也許有助於大家往更高的道德水準邁進。」華爾多曾經就工人的需求，寫給鐵路公司一封信。他在信中如此寫道：「如果有什麼服務可以把這些人訓練出精確又準時的工作，那麼對所有僱用者和被僱用者都會產生一視同仁的影響，就我們以工時來支付的工資而言，則更將對整個國家都很有利。」因此，他認為：對目前毫無組織的工人而言，把標準時間樹立為行為規範的權威，乃是有關當局當仁不讓的責任。

華爾多的出發點，也不全然是那麼利他的。開始的時候，耶魯天文台聘用他當經理人。然後，在一八八〇年，他在耶魯的溫徹斯特天文台創建了一個鐘錶局，這個單位專門就是為了測試、品鑑鐘錶的準確度來推動標準時間的觀念。他們鼓勵公司商號把自己的計時器送審，審查費用則相當可觀。最後，在一八八二年，他成立了一個「標準時間公司」(Standard Time Company)，這是個合股公司，專門用電報向家庭及公司行號客戶來傳送正確的時間訊號。

到一八八三年，主要歸功於藍格利和華爾多的推動，各個鐵路公司終於確立了今天在美國使用的四個時區。到一九一八年，聯邦政府則把四個時區的認定正式立法，完成了美國標準時間的制度。

IBM的興起

藍格利、華爾多，以及他們競爭對手所提供的供時服務，內容主要是以同步化的系統，把一些「主」(master) 時鐘和遠方的「從」(controlled) 時鐘 (又稱做「奴」slave時鐘) 相聯結在一起。隨著新系統的應用日益廣泛，各地「從」時鐘的數目也越來越多。先是一些大企業流行取得一些可以和主時鐘相聯結的計時器，接著小一點的企業也跟進。沒多久，計時器就以大量行銷的手法向大眾進軍了。藍格利和華爾多銷售的是「時間」的軟體，而鐘錶公司則忙於以靈活的行銷手法推銷他們的計時器硬体。

跟著華爾多的步伐，鐘錶公司最主要的策略之一，就是把鐘錶本身和華爾多的標準時間做一「整體」銷售。許多廣告都在推動準時的美德。舉例來說，一八九一年，「電力訊號時鐘公司」(Electric Signal Clock Company) 在產品型錄中，大力推廣可以設定時間來響鈴的時鐘 (這種時鐘這時在學校裡已經很常見了)。他們的廣告文案這麼寫著：「一個人想成功，最需要培養的美德，莫過於準時；想避免犯錯，就不要落後。」這家公司號稱他們最好的產品(品名是很生動的「獨裁者」)「不論在任何場所都可以指引出軍事行動般的精準，並且教導我們務實的快速與準確。」目錄裡還這麼寫著：「任何學校，公司或工廠採用了我們的系統，絕對不會成為反覆無常的鈴響的受害人，因為這一套公司時鐘已經是所有工作場所的標準時間。」照廣告文案的說法，「獨裁者」不只會把時間標準化，還可以提供主管一套在眼睛看不到的地方也能執行紀律的方法。

他們的競爭對手，布洛傑鐘錶公司（Blodgett Clock）也採取了類似的銷售手法。「對年輕人的心靈來說，秩序，迅捷，規律是最需要牢記的原則。」他們一八九六年的產品型錄上這麼說，「在學校裡，任何東西都比不上我們的時鐘還能把這些原則描繪得更清楚。」型錄裡，還複印了一份麻州一所高中校長的證詞：「在學校裡，要訓練大家的迅速和忠實，這（布洛傑時鐘）是再好不過的助手了。任何學校的行政人員想要尋求寶貴的助手（甚至是不可或缺的助手），我都願意在此毫不猶豫地推薦這種時鐘。」

一八八〇年，紐約一個名叫布恩地（Willard Bundy）的珠寶商，和一個名叫狄伊（Alexander Dey）的蘇格蘭物理學家兼數學家，各自研發出了一套記錄時間的系統，可以讓受僱的員工準確地上下工，換句話說，也就是打卡。到一九〇七年的時候，差不多所有主要的打卡系統的製造商，都被一家叫作「國際時間記錄公司」（International Time Recording Company）所吞併了。而「國際時間記錄公司」最後則演變為大家熟知的ＩＢＭ。歐馬利的報告中指出：這家公司也是以準時的美德來推銷他們的產品。國際時間記錄公司在一九一四年的產品型錄中表示：時鐘可以「節省時間，加強紀律，並且增加生產時間」。還有，「把時間記錄下來，可以加強時間對每個人的價值感，進而加強大家的守時」。他們聲稱：這種工具可以改善工廠作業的特質。「工廠裡，頂重要的就是紀律。對一個工廠順暢又獲利的運作來說，最要命的就是有人的出沒不規律，不是遲到就是早退。」新的時間記錄器一定有助於「清除這些不需要的人」。

「盯緊」（keeping a watch）某人，成了一個很流行的雙關語法。（譯註：Keeping a Watch

另一個意思是「有一個手錶」。）手錶製造商推動這個說法最力。舉例來說，一八八七年，華特伯里（Waterbury Watch）手錶公司就在一個手冊的封面上聲言：「工作的人注意：今天這個時代，每個人手上都要有個手錶（Keep a Watch on Everybody）。要知道怎麼辦到這一點，請讀這本書。」這個小冊子的最後一頁，則是一名警察手搭在一個人肩頭上，旁邊寫著：「警察先生，不必盯緊我，因為我已經擁有這個世界上最好的手錶——華特伯里錶。」

新的工業社會裡的一些衛道之士，也被遵守時鐘時間的好處所折服，急於加入推廣的行列。遲到的人，都被比喻作社會上低人一級的人，在某些時候，還被視為道德上有瑕疵的人。

學校教科書裡，尤其把守時行為做了特別重點的推動。舉例來說，在一八八一年小學五年級《麥古非讀本》（McGuffey's Readers）的課文裡，有這麼一段開場：「一列火車以近乎光速的速度行進。車長知道已經遲到，但是他希望能夠安全地通過這個彎道……剎那間就相撞了。撞擊和尖叫的聲音混合在一起，五十條人命就此消失。而這一切都是因為一名機師遲到了的原故。」課文繼續描述一家企業如何因為其代理商付款遲延而導致倒閉，一名死刑犯如何因為特赦的信差遲到五分鐘而終究不免送命。在最後的高潮裡，課文強調「拿破崙最後會囚死在聖海倫島，都是因為他手下一名將軍來遲了。」（歐馬利的觀察是：「如果拿破崙手下的將軍都有一套麥古非讀本該有多好。」）課文的結論是：「生命就是如此。設計得最好的計劃，最重要的任務，個人的財富、榮譽，和幸福，都一再因為某些人沒法準時執行而遭到破壞。」

守時的好處，和個人的成就以及成功相聯結在一起。倚賴時鐘時間來生活，成為一個新的社會階層的特色。能夠戴上手錶，也就象徵自己也是這個階層的一份子。歷史學家卡沃地（John Cawelti）指出：在艾爾吉（Horatio Alger）的故事裡，這個英雄人物得以進入中產階級有兩個最重要的指標，一個時他獲得了一套好西裝，一個是他收到了一隻好手錶。卡沃地的解釋是：「這支新手錶，指出這個英雄的身份更上層樓，是一種準時的象徵，以及他對時間的尊重。」由於手錶成為如此珍貴的身份象徵，所以有些比較貧窮的美國人乾脆組織了「手錶俱樂部」。這些俱樂部其實都是手錶的彩券形態，參加的人每個星期交一點錢，來買一支新錶。然後到週末再抽籤來決定是誰抱得大獎歸。甚至，有人能得体地維修自己的手錶，也可以被視為一個人物。手錶確立了一個人的身份與社會地位。

泰勒的效率工程

泰勒（Frederick Taylor）和他的效率工程（efficient engineering）出現之後，大家對時鐘的迷戀也抵達顛峰。以科學管理之父而聞名的泰勒，把時鐘視為追求工廠管理的聖杯，也就是絕對化效率的利器。舉例來說，科學化管理一個有趣的發明，就是其「行動與時間研究」（motion-and-time studies），這也是泰勒早期弟子吉爾布列斯（Frank Gilbreth）的腦力結晶。這個研究的方法，就是把工人工作的每個動作都拍成電影，目的有二：一，把公司的交待的任務，分解成細部的組合；二，把身體每一個動作所需要的時間，定下標準。每一件工作，都訂下以幾分之秒為標準的時間。其過程，如雷夫金（Jeremy Rifkin）所描述如下：

> 各個動作：都以機器術語定下一個標準化的名稱。舉例來說，「接觸把手」(contact grasp)，表示用手指去抓一件東西；「打孔把手」(punch grasp) 代表用大拇指和食指去捏一個東西；「纏繞把手」(wrap grasp) 則表示整隻手掌去握一個東西：所以，如果某個工作需要去撿起一支鉛筆，那指令就會表達如下：「空載運輸，打孔把手，滿載運輸」。

等最理想的標準建立之後，每個工人每個動作的時間就被時鐘化了。工廠老闆會把「浪費」的動作，和直接有益於生產的動作做一區分。（浪費的動作指的就是像聊天、打呵欠、搔頭和其他多餘的動作等等。）這些衡量標準的精確度，最後都精細到一分鐘的幾萬分之一。泰勒相信：這種科學化工程方法，搭以徹底的客觀度，可以為每個工作都訂下完美的標準時間。

這個時期，泰勒的方法為工廠完全原封不動地予以應用。工廠把每個工作所需要的最少標準時間定下之後，各個不同階段的程序再先後聯接起來，然後，全都控制在中央辦公室的一具「主」時鐘之下。每當工人開始或完成某一件工作的時候，他們就會在另一台「奴」時鐘上打卡。這些卡片匯總到中央辦公室裡一名「時間記事員」那兒，將各人使用的時間和公司的標準時間做一比對。

幾乎所有的工作場合都應用到行動與時間研究方法。甚至是最細微的工作也要定出標準時間。舉例來說，美國系統與程序協會（Systems and Procedures Association of America）連以下的動作也都分別定下標準。開關檔案櫃，不選東西：〇・四秒；打開桌子的中央抽屜：〇・二六秒；關桌子的中央抽屜：〇・二七秒；關桌子的旁邊抽屜：〇・一五秒；從椅子上站起來：〇・三三秒；坐到椅子裡：〇・三三秒；坐在旋轉椅裡轉個身：〇・〇九秒；坐在椅子裡挪動到隔鄰的桌子或檔案櫃（最遠四呎）：〇・五秒。

泰勒主義把效率的價值和時鐘時間的重要性提升到新的層次。經濟學家布雷佛曼（Harry Braverman）認為：泰勒和他的門生，「對西方思想所造成的貢獻，很可能是美國提出聯邦文告（Federalist Papers）之後所僅有的。」照雷夫金的觀察，「新的男男女女，都要借由時鐘工作以及機械語言進行客体化、量化，以及重新定義……最重要的，他們的生活和時間要能配合時鐘的支配，要能滿足時間表的前提，以及效率的要求。」及時地，碼錶也出現來支持泰勒主義。而到最後，碼錶則引爆了滴答人的敵對力量起而抗爭。

與新時間的激戰

到二十世紀的初葉，特別是在美國，時鐘時間已經成為一般大眾生活牢不可破的主導者了。但也不是每個人都敞懷接納這種新的時間觀。許多人都明白把時間標準化之後的深遠影響，因而大為擔心。他們覺察到：這種標準化將大家對時間的認知建立了一種新的觀念，最嚴重的是，社會秩序的輕重緩急也因而產生了變化。於是，有人抨擊時間標準化的推動，另外有些人則針對時鐘橫暴而又僵硬毫無彈性的廣泛影響進行撻伐。

反對時間標準化的聲浪，尤其顯著。打從十九世紀中葉開始推動時間標準化以來，不願意臣服於時鐘這種新權威之下的人，就越來越多。舉例來說，一八八三年，紐約的《先鋒報》就表示：標準化的時間，已經「超越了個人追求公眾事務的領域，進入大家的私人生活，進而合為一體」。《華盛頓郵報》則形容：時間的標準化「簡直是凱撒制定月曆，再經過格雷果里十三世教皇修定之後所僅見」之舉。

在一八八三年至一九一八年之間，當這個新的時間制度透過私人企業體系，而不是聯邦立法過程實行以來，各地經常傳來一些異議。隨著鐵路公司的計劃在擴散，波士頓的《晚間複本報》（Evening Transcript）主張：「我們應該保有自我的中午時間」。路易斯維爾的《信差報》（Courier Journal）則把時間的標準化比喻為「可怕的騙局」，「要命的騙子」。歐馬利描述這家報紙收過一封讀者來函：

讀者質問：「如果當局不必經過人民的同意，就有權利任意更改本市的時間，到底路易斯維爾可以獲得什麼好處？」報紙的編輯回答說：沒有人有這樣的權力，並且，「從這種朝中央集權化的偽裝邁進一步，卻在暗處給了我們公民權利有所傷害的一步來說，似乎看不到什麼好處。」編輯甚至還反問了一句：「等到他們把我們所有的手錶和時鐘都聯結在一起之後，他們會不會再進一步把我們的時區再更擴大？」

最激烈的反對，來自俄亥俄州。辛辛那提的時間被定為撥後二十二分鐘之後，當地的《商業捷報》(Commercial Gazette) 就表示：「他們要我們把時間放慢將近三十分鐘，只為了符合那條想像中從匹茨堡延伸過來的線，實在是可笑無比……我們辛辛那提人應該謹守由太陽、月亮，和星星所定下的真實時間才對。」《商業捷報》主張：呼應鐵路公司的需要，「再愚蠢不過」。直到一八九〇年，他們印鐵路時刻表的時候還會加一個標題：「這是辛辛那提時間。比鐵路公司的時間快二十二分鐘。」

古列佛論戰

比時間標準化更嚴重的，是大家對時鐘應不應該如此左右日常生活的廣泛議論。比起時間標準化，這方面的抨擊進行得更持久也更不客氣。其實，我們幾乎可以說：大家對時鐘時間的攻擊，往往根本就是針對現代生活的一些基本價值觀而來的。

反對意見可以分為好幾大類。舉例來說，有些人攻擊的是泰勒主義，以及這種主義對人類的機械化態度。一九一二年，眾議院對泰勒主義的一場聽證會上，有位機械工就如此表示：「我不反對他們查證做一件工作需要多少時間，但是我反對他們拿著一個碼錶站在我頭上，好像我是一匹賽馬，或是一輛汽車似的。」

另外一種抗議集中在時鐘時間的控制力日益擴大這一點上。這也就是所謂的「古列佛論戰」(Gulliver argument)。批評的人經常質疑的是：一個清醒的社會，怎麼可能讓一個人造的東西來控制其存在？很多文學作品中，對自然時間之遭到毀滅，都有極其精彩的撻伐。舉例來說，馮內果在《第五號屠宰屋》中就如此寫道：

時間不會流逝。有人在玩弄這些時鐘，不僅是那些電子鐘，連那些發條鐘也在內。我手錶上的秒針猛然跳動一下，一年的時間就過去了。然後，秒針就又跳動一下。我什麼辦法也使不上。就一個地球人而言，不論鐘錶或月曆怎麼說，我都只有接受的份。

畢耳歌(Peter Beagle)在《最後的獨角獸》中則這麼說：

我還活著的時候，就像你一樣，我也相信時間最少和我自身是同樣真實又結實的。甚至還有過之而無不及。當我說「一點鐘」的時候，就好像我可以視而見之；當我說「星期一」的時候，就好像這在地圖上可以觸而摸之⋯⋯就和所有的人一樣，我也是生長在一個被分秒、星期，以及新年與除夕所構成的屋子裡。直到我死之前，我從沒有走出過這個屋子，因為也沒有第二道門可以出去。現在，我終於知道：其實，我是可以走出去的。

還有些人惱怒的是：他們失去了自然的時間。一八八四年，標準時間才剛發明出來不久，查理・華納(Charles Dudley Warner)就寫了篇文章來反對生活要被時鐘限制得一成不變，毫無彈性：「把時間分割成這麼僵化的區隔，是對個人自由的侵犯，也讓我們沒有保留各自脾氣與感受的餘地。」

諾曼・梅勒抨擊過：時間如此無機又單調，則所有的生活都被規劃和預定，所有的活動都被逼得要滿足時鐘的需求。一九六四年出版的《美國之夢》中，他把無機的時間和地獄畫上了等號。小說裡有個人物，造訪一位大人物的閣樓時，目睹了「地獄的景象」：

：那是一個十九世紀的鐘，有八呎之高，浮雕著許多名人的面貌：富蘭克林、傑克遜、林肯、克里夫蘭、華盛頓、格蘭、哈里遜，以及維多利亞女王。年份是一八八八。鐘的四周，圍繞著一圈看來像是塑膠做的鬱金香，我伸手摸摸，才知道是真的。

像雷夫金這種評論家則相信：電腦時代，已經給自然時間正式蓋棺論定了。「電腦世界裡的事件，存在於一個我們永不可能經歷的時間領域裡。新生的『電腦時間』代表時間最後的抽象化，並且也徹底脫離了人類經驗與自然韻律。」

然而，即使是在今天最倚賴時鐘的文化裡，在一些特殊狀況下仍然會對自然時間產生一些懷舊的情愫。一旦籠罩在大自然的力量之下，再倚賴鐘錶的人通常也會回歸到比較「原始」的認知時間的程序。故去的作家艾里斯・海利（Alex Haley），有一次描述他之所以喜愛乘坐小船出海遨遊，有一個理由就是他可以享受到對時間的感受：「你一旦在海上呆個一兩天，時間就不再有意義了。」海利如此寫道，「你經常會疑惑起來：今天是什麼日子？你要辨認哪一天，只有倚靠天氣和海洋的特色，或是某一個特殊事件，譬如說：我們看到一大群綠海龜之後的那一天。」他也相信：當他置身在自然時間之下的時候，才是他創作最佳的時刻。

自然界的一些災變，也經常會導致類似這種對時間認知的「退化」。一九九三年夏天，美國中西部爆發嚴重水災，《紐約時報》問一名米蘇里的居民哪天晚上的雨量最大。報紙說：「河水把他和太太沖出居住二十七年的房子的那天晚上的每一件事，這名居民都記得一清二楚，但，就這一點不記得了。『我講不出那是哪一天……我能告訴你的只有：當時的水位有二十六呎高。』」而《紐約時報》這篇文章的標題就叫做〈他們用呎來丈量時間〉。

法國大革命與史大林

雷夫金曾經形容：人類是唯一「為時間所束縛」的動物。他這麼說：「我們所有對自身以及這個世界的認知，都是經由我們對時間的想像、解釋、利用，以及實踐來傳達的。」人類對時間的理解如果遭到干擾，總是反應激烈，這是不足為奇的。抨擊時間標準化以及時鐘時間的人，是以生死大事來看待這個問題的。個人對時間的信仰，總是深藏在我們心理的最深處，即使是最輕微的撩撥，也會遭到極大的抗拒。

美國境內因為時間標準化，以及新的時鐘時間的登場而形成的鼓噪，其實只是許許多多時間戰爭中的一場而已。就生活節奏引起的衝突，一直在許多層面上都是權力鬥爭的焦點。舉例來說，在個人層次上，夫妻之間摩擦的最大起源，莫過於互相沒法協調如何打發時間，什麼時候該做什麼事情，什麼時候該回家，誰太快了，誰太慢了，誰又該等誰等等。英格蘭蘇塞斯大學（University of Sussex）的社會學家珍妮・蕭（Jenny Shaw），訪問了七百人，要他們寫下他們就時間與守時的經驗。她的發現中，很重要的一點是：大家寫這些經驗時候所表現出的充沛情緒。舉例來說，有位婦女就這麼抱怨：

我丈夫守時守得跟白痴一樣……任何人遲到了，他一定會惱怒得要死……會好長一段時間粗暴不堪。我也不喜歡等別人，但是如果別人遲到了，也看不出有什麼要暴跳如雷的必要。所以，如果事情有所差錯的時候，女人的應對總是比男人要理智又理性一點。

另外一位應答的女士，也說出了她和先生之間心理時鐘的差距：「在我們剛結婚的時候，除了沒錢之外，就數這一點最能叫我們吵架了。」

過世的心理學家科史提門（William KirStimon），對這一點可是見怪不怪。他的專業生涯中，大多數時間都是用來理解個人生活節奏的重要性，以便做為夫妻諮商所用。科史汀門發現：他所謂「時間領空」（Temporal territoriality）或是「時間停滯」（Tempostasis）的說法，經常可以在夫妻之間產生平衡又同步的溝通。照他所言，除了一些明顯的文化與家庭因素之外，個人生活節奏之所以會有所差異，還有基因的原因。他在臨床上特別著重在這些時間衝突上。舉例來說，有時候他會帶給夫妻兩人各一個節拍器，要他們設定自己最喜歡的節奏，然後用來幫助夫妻兩人了解互相節奏之不同，進而消除兩人在時間節奏上的差異。時間節奏的不同，在親子之間也會造成矛盾。生產過後沒多久，有的媽媽就會因為自己的寶寶吸奶吸得太快或太慢而心焦。除非當媽媽的學著接納寶寶的節奏和自己的就是不同，否則她就會給自己和子女造成緊張。

有關時間的權力鬥爭，有時候比更大規模的國家和文化層次的鬥爭還要兇險。在歷史上，宗教當局一直籍由控制月曆，來當作確保並合理化自己權力的基礎。相對地，革命家們也經常籍著攻擊統治者的時間体系，來爭取民心。然而，由於大家對時間規範的接納都是根深柢固的，所以，有關時間的革命，幾乎總是難以持久。

法國大革命的時候，倒是有場有關時間的變革，是極為激進的。一七九三年，法國國民議會建立了一套「革命曆法」來取代反動的格雷果里曆法。新的曆法有很多變革：基督紀元的一七九二年，改為新的共和曆法的元年；舊曆的九月二十二日，成為新曆的元旦；每個月都是三十天，到年底的月份再多加五天；每個月都細分為三個十天；一天不再是二十四個小時，而是十個小時。接下來，他們更進一步宣布：時間一律用十進位來計算，也就是以十分以及十秒為一進。

照社會學家翟魯巴弗（Eviatar Zerubavel）的觀察，這些大規模的變革的目的，主要在於「籍由施加一種新的集体生活的規律，來達到針對社會的控制。」然而，新的曆法不論在法國內外都遭到強大的抵制。其中的一個問題是：十天一個星期的話，那就是要過十天而不是七天才會有一次安息日，換句話說，一年的休息日數從五十二天減少為三十六天。新的曆法也把舊曆的假日天數減半。如此這般，新曆動盪不安地實行了十三年之後終於廢止。

俄國大革命的領袖，也曾經嘗試發動一場類似的時間革命。一九二九年，史大林想一舉消滅基督曆法，建立一套革命曆法。首先，這套新曆法引入了一個星期五天的辦法。（也就是每工作四天休息一天，一個月共有六個星期。）後來，又導入了一週六天的循環。這個革命性的方案在一九四〇年廢止，他們又回歸了熟悉的格雷果里曆法。

雷夫金預言：像這樣的時間戰爭，仍然會繼續主宰未來的政治。「有種戰爭是根據時間的政治而發酵的。」他說：「其結果可能決定下個世紀全世界的政治路徑。」過去政治光譜上左右翼的劃分，未來將為「一個新的時間光譜所取代，光譜的一頭是通情韻律（empathetic rhythms），另一頭則是權力韻律（power rhythms）」。和權力韻律時間架構認同的人，會努力推動效率的價值，並以「時間就是金錢」教條形成現代工業社會所講求的速度特質。支持通情韻律時間架構的人，照雷夫金的預測，則會努力抗拒我們所創造的人工時間架構，以便重新把人類的意識導引到一個和大自然韻律更互通的境界。「長久以來，我們都把政治當作是一門和空間有關的科學，而現在開始，我們要學會把它看作是和時間有關的科學了。」

滴答人的駕崩

和時間相關的習性是很難改變的。正如同美國人意識清楚地抗拒標準時間的推廣，法國和俄國人也抗拒過革命性的新曆法，任何人想在人類生活中比較喜愛的「自然」步伐上強加限制，他們就會抗爭。就算再微小的改變，也會一下子就被注意。

過去一百五十年來，大家的吵鬧主要在於原先平順綿延的自然時間，被機械鐘錶經過計算與區隔的時間所取代。然而，近幾年來，計時的方法在許多方面發生了變動。最新一項對自然時間的挑戰，但同時也是對機械鐘錶時間的挑戰，來自於數位化的計時工具。當然，它也遭遇到抗拒。米克（Joseph Meeker）幫《關懷地球季刊》（Minding the Earth Quarterly）中就如此描述了他對數位手錶的感受：

> 不論鐘錶有多麼準確，它們都沒法告訴我們時間的真實面目。我的傳統手錶（最近流行叫「類比」錶），象徵性地把代表十二個小時的數字鄰接排在一起，再加上兩根不停地走動的指針來標示出時間的移動。我一看，就知道十二小時的全局，知道自己現在正在通過哪個當兒。這樣的手錶是藉由重新安排事物在空間的位置來測量時間，而這又可以類比為太陽系的運作。時針的速度，是根據地球每天轉動的速度來決定的，因此，當我看手錶的時候，手錶會提醒我地球正在轉動之中。

數位鐘錶卻沒法傳達這種訊息。它們是一種有缺憾的工具，一次只能知道一個剎那的事情，我們根本感覺不到正在進行的這個事情和剛過去的這一秒鐘，和馬上要到來的這一秒鐘有任何關聯。數位的計時器就好比一位訓練極為精良的專家，他懂的就是一次只做一件事情，只管把它做得非常好，完全不理會周遭的環境和相互的關係。數位錶和窄小的視野正好配成一對，而這兩者都是我們這個時代的特徵。

時鐘時間的下一步演化，可能會導致我們對滴答人的懷念嗎？我們會再想回到真實的時間的指引嗎？幾年前，我住在佛羅里達州塔拉哈斯市，當地的市政府打算通過一項法令，把當地時間轉化為日光節約時間。一個憤怒的基本教義派宗教團体發動了一場示威遊行，鼓勵大家保留舊的標準時間。他們的標語上寫著：「保留上帝的自然時間。」

因此，我們如何定義時間，測量時間，其實是和宗教相當類似的。而大家是不大會隨便改變宗教信仰的。

第四章
非我族類的時間觀

今天，還是很多人不需要鐘錶。他們靠天體的運動，潮水的起伏，飢餓的感覺，甚至動物的出沒來測定時間。

任何人要是曾經到過國外去旅行，或是在醫生診所裡等候過，都會知道，有時候，不管是時鐘或日曆，都只是裝飾品。在這些情況中，手頭發生的事件通常由頭到尾完全無視於鐘錶的技術運作。我們處在工業化的世界裡會要求準時。但是以時鐘為準的生活，顯然與過去是兩回事。而這並不只是由歷史面來看，才覺得這些與時間有關的習俗如此偏常。即使在今天，按照時鐘來過日子的觀念，放諸這個世界大部分地方，仍然絕對是屬於很異類的。

在生活步調上最明顯的不同處之一是：究竟人們是以鐘頭來劃分活動事件的始末，還是活動事件是按自發性的時間表來發生的呢？這兩種基本態度分別被視為「以鐘錶時間為準」和「以活動事件為準」的生活方式。但這兩者的不同，不是僅限於速度上的不同，雖然對於以鐘錶時間為準的人而言，日子的確過得較快。在此又要再舉一件我個人的例子。

在巴西待了幾年之後，我有了休年假的資格，不用在大學教書。因此決定把這個「休息兼充電」機會用來研究國際間的生活步調差異，也藉著這個機會一圓童年時代的夢想，去環遊世界。

地圖上的四個點

其實我並不完全清楚究竟要到哪裡去。「環遊世界」這個句子很動聽，但我得承認並不是很確知這會牽涉到什麼。我的地理課向來都沒唸得很好，對於世界各國的地理概念只有粗淺的認識，而對於內部國情的所知就更少了。由於不知道將會碰上些什麼，因此也不可能事先敲定計畫去參觀何處，或者是打算好在每個國家逗留多長時間。所以我倒過來決定，讓行程自行發展。幸好，我所構思的研究計畫很有彈性，可以一路上決定在何時和何地蒐集資料。

我買了張世界地圖，在最讓我感到充滿異國情調的四個點作了記號：中國的長城、聖母峰、泰姬瑪哈陵墓以及埃及的金字塔。我畫了條線把這幾個點連在一起。儘管並不確定到底能真的看到其中多少世界奇景，但至少我的旅程有了個大概輪廓。我決定先飛到亞洲西部的邊緣地帶，然後再由陸路前進，一路向西走，環繞地球一周。在地圖上搜尋亞洲外緣地帶時，我的手指終於在印尼「登陸」。

我買了張往雅加達的單程機票，沿途還順道可停日本、台灣和香港。超過這段旅程之外，我就沒有機票了。我會從印尼往北到馬來西亞半島，再往泰國去，然後向西橫越過亞洲，往回家的方向去。我的規矩只不過是坐二等車廂、盡可能在地面上旅行。我把房子退了租，把汽車借出去，所有財物送進了儲藏庫，並且告訴所有該知道的人，整個學年我會不在。（大學教授是不會以「月」為時間單位來思考，而是以學期為單位。）一學年可衍生為兩個學期（一年時間，而以暑假為結束）。

旅程由舊金山飛往東京的飛行開始。上了長途飛機安頓好一切之後，我試著集中心思去理清頭緒。第一個想到的念頭是，我的口袋裡沒有鑰匙。接著想到，我生平第一次帶了本日誌，取代了約會記事本。然後又醒悟到，我沒有任何承諾在身；除了要去實現非常具彈性的資料蒐集研究計畫之外，再沒有其他需要做的事。有整整六個月，我不必在什麼特定時間到某個地方去，也沒有什麼計畫或流程表來妨礙到將來的進展。船到橋頭自然直，到時再選那些我想跟進的去做。我自由了！自由了！自由了！

我的欣喜持續了將近半分鐘。然後便是恐懼：整整一學年處於沒有流程表或計畫的世界裡，我該怎麼辦？展望將來，只見到層層的空白。我怎麼去填滿時間呢？這輩子從來沒有這麼渴望過有個約會，不管是跟什麼人或為什麼事。那真的是很慘；那一刻我比世上多數人所能夢想得更自由，也更行動自如。我是騎在摩托車上的馬龍白蘭度，有護照、哲學博士學位、還有固定收入，然而我卻焦慮攻心地回應這一切。

後來在飛行途中睡了一會兒，夢見福克納作品《八月之光》（Light in August）裡的一段。那是書中一個名叫「聖誕節」的角色，飢餓地從警長那裡逃掉，卻迷困於時間中。稍後我查了這段原文：

……自從試著去回想到底從星期五在傑佛遜之後過了多少天，在他去吃過晚餐的餐廳裡，他一動不動地躺著等待著，過了一會兒之後，直到那些人應該已經吃完了去下田，這是一個星期裡的哪一天似乎比食物更重要。因為當那些人終於走光了，他下來，現身在平坦、黯黃色的太陽中，然後走到廚房門前，他根本沒有開口要食物：他聽到自己的嘴裡在說：「你能不能告訴我今天是哪一天？我只想知道今天是哪一天。」「哪一天？」她的臉就像他的一樣憔悴，身子也像他的一樣骨瘦如柴，永不鬆懈又咄咄逼人。她說道：「你滾開！今天是星期二！趕快滾遠點！不然我會叫我的男人來！」他說道：「謝謝你。」門正好砰然關上。

抵達東京之後，住進了一家旅館，房間是由以前的一個學生幫我預訂的。這是其後六個月之中唯一預訂過的房間（其實是十二個月，但謝天謝地，當時我並不知道）。打開行李安頓好之後，我穿上了旅館供應的睡袍和拖鞋。睡袍的下擺看來比製造者所預估的緊得多，而拖鞋也只能穿進我三個腳趾頭。可是我很喜歡這個形象，再加上在熱水浴池裡泡個澡，以及一大瓶札幌啤酒之後，對眼前未來懷著一點希望，我進入了夢鄉。

第二天早晨醒來，觸目所及是一片碧瓦、榕樹，以及一座龐大的臥佛。等到我那件小睡袍和拖鞋映入眼簾時，先前的想法便再度回到腦中。我已經做好準備，順其自然。首先，要做什麼呢？我好愛前一晚的浴池，於是便決定再去泡個澡，作為一天的開始。之後，發現旅館隔壁有家茶室，服務生會講點英語，東西又很好吃，甚至還有份《先鋒論壇報》與我為伴。早餐過後，便去一探附近那座臥佛的究竟，結果這座大佛原來是座落在很大規模的寺院中，周圍是座很美麗的公園。我拿出一本書來看，伸長了兩腿，看著東京浮生在身邊招遙而過。

下一步？有個朋友曾經給了我一份花園名單，他認為我應該會很樂於去看看那些花園。為什麼不呢？我漫不經意地挑了其中一個，而且由頭到尾都很自得其樂地參觀。那天晚上在靠近旅館的餐廳裡吃了頓很好的晚餐。最後以泡熱水浴池、睡袍和拖鞋、一瓶札幌啤酒，結束了這一天。

接下來的早晨，我懷著興奮從床上跳起，這新的一天又有些什麼在等著我呢？如何開始這天？當然，先去泡個熱水澡。然後，想起前一天很愉快的早上，又回到那家茶室去吃早餐。吃完早餐，想不出還有什麼地方會比大佛旁邊更好，除此之外，那裡都不想去。那天下午，我又去了另一座花園。傍晚回到同樣的餐廳。當然，在上床睡覺之前，再泡了個熱水澡，悠哉悠哉地喝了瓶札幌啤酒，又過了美好的一天。

第三天的情況大概是這樣的：熱水浴池／到茶室去吃早餐／大佛花園／晚餐／熱水浴池／札幌啤酒。接下來那天也一樣，而後的一天，以及而後的另一天。

回顧起這第一個星期，我看你大概會按我的活動來設定鐘錶時間。你會問：那是幾點鐘？「他在公園裡看書，所以應該是十點鐘。」「他現在從熱水浴池裡出來了，所以應該是八點多的時候。」在不經意之中，我已經按著飛行途中所渴望的，自創了時間架構。很諷刺的是，當初我所以選擇學院生涯，而沒有選其他行業，主要原因之一，是因為可以讓我安排自己的時間。但是真正面臨到沒有限制的時候，我卻跳到了另一個極端，在驚訝和不足一哂的失望之中，卻發現自己竟然定了比工作期間還緊湊的流程表。

淹沒在活動事件為準的時間觀之中

現在我認清了自己的行為表現，其實是一種介於兩種勢力之間的掙扎：一邊是來自於鐘錶時間觀的勢力，另一邊則是以活動事件為準的時間觀。在鐘錶時間掌控下，所有活動事件的始終都以鐘錶上的時數作準。當活動事件作主時，時間表是根據活動本身而定的，活動的開始與結束，是經由參與者彼此一致同意，「感到」何時才是最正確的時機而定。以鐘錶和活動事件為準的時間觀，兩者間的差異很深奧。社會學家勞爾（Robert Lauer）在他的著作《與時間有關的人》（Temporal Man）中，參考群籍，把過去歷史所有跟時間意義有關的部分審閱了一番。他發現，最根本的差異，在於兩種人之間的對照比較，即按時鐘過活的人，和那些以社會性活動來測定時間的人。

很多國家把以活動為準的時間觀捧成一種人生哲學。在墨西哥就有句俗話：「把時間給時光」。在地球另一頭的非洲，則說成：「即使是光陰也需要從容的時間。」心理學家克麗絲•艾瑟（Kris Eysell）曾經以和平團義工身份在利比亞待過，就碰過這句非洲俗語以另一版本形式出現。她描述那時她每天都要從家裡走八哩路到工作地點，一路上卻總是有全然陌生的人向她嚷著說：「不要那麼趕，小姐。」

我在日本的經驗，就是個沉迷於鐘錶時間的人，一頭栽進鐘錶失去影響力的處境中所會發生的。後來才知道與我有同樣經驗的人多不勝數，更使我深深對此有所體會。社會心理學家詹姆斯・鍾士（James Jones）在南美聖三一島（Trinidad）逗留期間，遇到過與時間有關更複雜的挑戰。鍾士是個非裔美國人，對於被慣稱為「有色人種時間觀」（簡稱CPT）那種悠閒相當熟悉。但是他卻對以活動事件為準的時間觀生活中的泥淖毫無防備。鍾士在到達當地後，很快就首次面臨了流行的格言：「任何時間都是聖三一島的標準時間。」他說，此後的逗留期間都一直在努力去瞭解這話的含意：

CPT根本認為姍姍來遲是正常準則，跟盎格魯歐洲人偏重於準時和守時成對比。儘管如此，我在聖三一島的這一年中，仍然瞭解到當地人對於時間還是有著個人的控制。他們多少都是憑著自己「想要」或「感到」而決定來去。表達這種選擇的最標準方式就是「今天我不想去工作。」時間是經由行為舉止來肯定，而不是由鐘錶來定。事情是由人抵達時開始，而在他們離開時告一段落，並不是因為時鐘在八點鐘或一點鐘敲響而定始終。

對於從鐘錶世界裡來的訪客，在事件時間觀中進展的生活，套句鍾士的用語，通常像是「無測時主義狀態」（chronometric anarchy）。

母牛在哪裡？：布隆迪測時法

當活動事件時間觀的人真的要聽取報時的時候，他們聽的通常也是大自然之鐘。尼雍齊馬（Salbatore Niyonzima）是我以前的研究生，把他的家鄉描述為上述最典型的例子。

尼雍齊馬說他的東非故鄉布隆迪（Burundi）就像非洲大部分地方一樣，生活方式完全靠季節變化來主導。百分之八十的布隆迪人口都是務農為業。這麼一來，「人民仍然要倚賴大自然天象，」他解釋說。「乾燥季節開始的時候，就是到了收成的時候。雨季復返時，那麼，當然就是到了該回到田裡去耕耘的時候，因為這就是生生不息的循環。」

在布隆迪訂約會，通常也是以大自然的循環為準。「約會並不需要很精準地訂在這天的幾點鐘。在鄉下地方長大，又沒有受過多少正規教育的人，可能會用這樣的方式去訂一個時間很早的約會：『就這麼說定，明天早上放牛吃草的時候，我會跟你碰面。』」要是他們想要在中午見面，「他們訂約會的時間是『當母牛到小溪去飲水的時候』，那是他們中午會去的地方。」為了避免較年輕的牛隻喝水過量，尼雍齊馬解釋說，農夫會把比較老的牛隻留在溪邊繼續飲水，而花上兩三個鐘頭把那些年輕的牛隻趕回牛棚裡，這已經成了獨特模式。「然後在下午，比如說三點左右吧，又到了要把年輕的牛隻趕出牛棚，趁黃昏去吃草的時候。所以，如果我們要訂個時間比較晚的約會，可能就說『等年輕的牛隻出來的時候見面。』」

如果討論得再仔細些，是否就要說：「等牛隻出來喝水的後半段時間見面」？尼雍齊馬說：「太囉唆了。你要是安排在牛隻外出喝水時來我這裡，那意思就是指在中午左右。早一個鐘頭或者晚一個鐘頭，一點也不相干。他知道他已經訂了個約會，而且他會出現就是了。」想要精準，很困難，也不大相干，因為從頭開始，就很難知道究竟人們會在何時去放牛。「我很可能決定晚一個鐘頭才放牛到河邊，因為也許我放牛出門時已經遲了，又或者是放牛的地方沒有足夠的牧草，牛隻看起來還沒有吃飽的樣子。」

布隆迪人也用類似很具體生動的描繪來標示夜晚的時間。「我們提到漆黑的夜晚就說成『你是誰』夜晚，」尼雍齊馬解釋說：「這意思是說，因為天黑到你什麼人都看不見，只能憑他們的聲音來辨認他們。你知道有人在，但是看不見，因為太黑暗了，所以你就打招呼問『你是誰？』等他們開口講話，我聽聲音然後就認出是誰了。」「你是誰」時間是天黑之後用來描述的方式之一。我們還可參考另一種會發生在「你是誰」夜晚中的狀況。

要精確地訂定晚上的約會，尼雍齊馬表示：「會有困難。『你是誰？』只是很單純地提到自然現象的天黑。我當然不會講個時間像是晚上八點鐘或九點鐘。當人們想要指稱晚上的某個特定時間，他們大概會提到睡覺方面。舉例來說，他們可能會說某件事發生的時間是『沒有人是醒著的』，或者他們想講得具體一點，會說『當人們開始進入夢鄉的第一個階段。』夜更深時會被稱為『差不多有曙光出現了』或者是『雞啼時候』；又或者，實在很具體的話，『第一次雞啼時候』或第二次，以此類推。然後我們便又要準備講牛了。」

布隆迪的大自然時鐘，和盎格魯文化支配的美國所盛行以鐘錶時間為準的時間表，形成強烈對比。發號施令的是我們的手錶，決定何時工作、何時遊戲；每次的會晤該在何時開始和結束。

即使是生理的活動，一般也都根據時鐘來排定時間表。於是平常都會說「上床睡覺還太早」或「還沒到晚餐時間」，或者已經太晚，不宜小睡片刻或吃點心等等。鐘上的時刻往往支配決定了何時開始和停止，而不是根據我們身體所發出的信號來定。我們在很小的年紀就學了這種習性。初生嬰兒完全能夠清楚知道自己何時餓了或想睡覺。可是沒有多久之後，做父母的要不是設法把寶寶的慣性加以調整，以配合他們的作息，就是跟著盛行的標準文化潮流走（通常是努力實行斯波克醫生〔Dr.Spock〕式的嬰兒保健常識），訓練孩子吃睡，以便符合更「健康」的規律。寶寶於是學到該在何時肚餓和何時有睡意。

就以成人來說，有些人特別容易受時鐘所掌控。幾年以前，在一連串很權威性的研究中，社會心理學家夏希特（Stanley Schachter）和他的同仁觀察了過胖和體重正常的人進食行為。夏希特在理論上推測：過胖的主要成因，是因為進食習慣容易受到周圍環境所給的外在信號支配。他相信，體重正常的人比較著重回應本身內在的飢餓感。夏希特的假設是，最有力的一個外在因素是時鐘。

為了試驗他的理論，把哥倫比亞住宿學生給帶到了一個房間裡。實驗者先將房間裡所有的鐘動了手腳，這麼一來，有些實驗對象就以為時間還早，還沒到他們平常吃晚飯的時候，而另外一些則以為已經過了他們平常晚餐時間。在參加實驗者的面前有一大碗蘇打餅乾，可以自行取食。正如同夏希特事前所預料：當那些過胖者以為已經過了晚飯時間，就會吃得比他們以為還沒到吃飯時間時更多。對於體重正常者，牆上鐘面的時間一點都不會影響他們吃餅乾數量的差異，他們只在感到肚子餓時才吃。過胖者則是以時鐘上該進食的時間為準。就像我有一次問體重超過三百磅的叔叔「餓不餓？」，他回答我說：「我已經有四十五年沒餓過了。」

時間就是金錢嗎？

當鐘錶時間支配一切時，時間就成了有價值的商品。鐘錶時間觀的文化，將現實中的時間視為一成不變的、直線式的，而且可以衡量測定。誠如法蘭克林（Ben Franklin）曾經提出的忠告：「要緊記：時間就是金錢。」。但是對於活動事件時間觀的文化群落而言，在很大的程度上，時間很具彈性也很難測，時間和金錢完全是分開的兩回事。

這兩種不同的態度互相衝擊時，是夠刺激震撼的了。在年假長途之旅中，我從熱水澡浴池／早餐／大佛的日常固定節目，轉移到印度泰姬瑪哈陵之旅，舉例來說，最常聽到的先進國家遊客的評論，是關於這座建築所花的工作量。問題萬變不離其宗：「這一定是花了很長的時間吧？」其次最常聽到的遊客感想意見，恐怕是像這類的：「這幅刺繡一定是花了一輩子的工夫繡成的。要是在我們那裡，不曉得會有多貴？」事實上，對於很多西方人而言，最愛的一項度假活動，便是從外國人的時間中找到揀便宜的機會。不過，這些觀感對那些花了幾個月時間完成刺繡的印度藝術家，或者是他們那些建成泰姬瑪哈陵的祖先，卻沒有多大意義可言。在活動事件時間觀主導之下，鐘錶時間觀的經濟模式是不大講得通的。時間和金錢是各自獨立的兩回事。就像是墨西哥俗語所說的，你得給時光以從容的時間。

到南美洲和亞洲旅行期間，我曾經一再地感到困惑，有時甚至被這類的評論所騷擾：「我們跟你們美國人不一樣，對我們來說，時間並不是金錢。」我的一貫答案通常是類似這樣：「可是時間就是我們所有的一切。這是最有價值，也是唯一真正有價值的財富。你們怎麼可以這麼浪費它呢？」他們最典型的反駁，通常語氣也沒有我那麼緊張激動，首先表示完全同意我所說的，時間的確是無價之寶，但也正因為如此，活動時間觀的人辯稱說，所以不該這樣遭糟蹋，把時間分割成無機體的貨幣單位。

在這一點上，布隆迪又可以作為一個例子。「中非洲，」尼雍齊馬說：「大致上是不理會時間永遠是金錢的這個客觀事實。當我想要時間等我，時間就會等我。而且當我今天不想做某件事的話，為了任何原因，不管是什麼理由，我就可以決定明天才去做，而明天做跟今天就去做也一樣好。要是我浪費了些時間，我也沒有錯過什麼非常重要的東西，畢竟，我有那麼多時間。」

來自西非洲布基納法索的特勞瑞是個交換學生。他發現「浪費時間」這觀念很莫名其妙。「在我生長的地方是沒有浪費時間這回事的，」他說。「你怎麼可能浪費時間呢？如果你不是正在做一件事，就一定是正在做其他事，就算正在跟朋友講話，或者只是閒坐，那就是你正在做的事。」一個名符其實的布基納法索公民就該瞭解並接受這種時間觀，而且體認到什麼才是真正的浪費（對某些人而言也是罪過）：沒有為你生活中有一席之位的人留出足夠的時間給他們。

墨西哥又是另外一個例子。飽受挫折的美國商務人士經常抱怨墨西哥人為缺乏時間觀念所荼毒。但是正如作家卡斯塔內達（Jorge Castaneda）所指出：「他們只是不一樣而已：眼睜睜地看著時光流逝，遲到一小時、一天、一星期，都不是什麼嚴重的過失。他們對事情的輕重先後另有一套衡量：去探訪親友比守時赴約或者按時去工作更重要，特別是那工作只不過是在街上做小販而已。」此外還有個經濟上的解釋：「對於守時觀念、準時交貨或者是加班，非常缺乏鼓勵刺激。由於多數人收入所得極少，因此守時和遵守形式的代價微不足道：在墨西哥，時間往往不是金錢。」

活動時間和鐘錶時間彼此間並不是完全毫不相干，不過活動時間所涵蓋的比鐘錶時間更廣泛，它是個更大規模的完整心理產物，包括了社會的、經濟的，以及外在因素和文化價值觀等。因此之故，鐘錶時間和活動時間通常分別各有其設定的世界，誠如卡斯塔內達對墨西哥和美國的觀察所見：「時間觀念就像其他個別的實質因素一樣，把我們兩個國家區分開來。」

「可」月與「都」月

時鐘如此地席捲了工業社會裡的生活，以致身處其中的人也往往忘了他們對時間的信念在他人眼中會顯得有多怪異。不過世上有許多人都沒有我們這麼「文明」（心理學家傑內斯〔Julian Jaynes〕對文明的定義是「在誰也不認識誰這種規模城鎮中的生活藝術。」）即使在今天，像布隆迪那種簡單而接近自然的「母牛時間」，往往還是當地人所樂意接受的唯一標準時間。這世界上即使大多數人不是如此，但對於許多人而言，要按機械鐘錶時間過日子，是很不正常又不可思議的事：就像對一個典型的西方人而言，不按具體而實在的時間表生活，同樣是不正常又不可思議。

人類學家已經把當代許多與活動時間有關的文化群列舉記載下來。舉例來說，菲力普・柏克（Philip Bock）以拿大東部密克馬克族（Micmac）印地安人為對象，分析他們在一次守靈中連串活動的時間觀。結果他發現守靈可以很清楚地劃分成幾個時間階段：齊聚一堂、祈禱、唱歌、中間休息以及進餐。但是這些時段沒有一個是跟著時鐘來定的，純粹只經由一致同意之後，弔喪的人便由這個階段轉移到下一步驟。他們什麼時候才開始和結束一個階段呢？何時才是時機成熟而不嫌過早呢？

勞爾講起蘇丹（Sudan）的努埃爾人（Nuers），他們的日曆是根據環境中的季節變化而定。例如，他們在「可」（kur）月築起捕魚水壩和牧牛營地，他們怎麼知道那是「可」月？那是因為築水壩和營地的時候，便名為「可」月。他們在「都」（dwat）月拆除營地重返村中。什麼時候是「都」月呢？那是大家都在遷移的時候。有個老笑話是關於一個到歐洲去走馬看花觀光的美國人，有人問他身在何處。「如果今天是星期二，」他回答說：「那這裡一定是比利時。」如果是努埃爾人被問到這樣的問題，他們大概會回答說：「如果這裡是比利時，那今天一定是星期二。」

很多人都是利用社交活動來記時間，而不是憑藉時間來記住社交活動。例如在馬達加斯加某些地區，問及某件事花了多少時間時，得到的答案可能是像「生米煮成熟飯的工夫」（大約半小時）或者「炸熟一隻蝗蟲」（一會兒）。類似說法，還可引用奈及利亞十字河（Cross River）土著的用語：「比玉米烤不熟還短的時間內，那人就死了。」（不到十五分鐘）。還有近在眼前的例子，幾年以前，「新英文字典」（New English Dictionary）上還把「尿尿的工夫」（pissing while）這辭彙列了進去，也許不是很精確的測定方式，但卻是具有跨文化通譯性的辭彙。

多數的社會中都有些像「一週」的模式，但不一定都是七天。印加族的一週有十天；他們的鄰族，波哥大的穆依斯卡族（Muysca）每週只有三天。有些週則長達十六天之久。通常一週時間的長短反映了族群的活動循環週期，而不是活動跟著週期走。對於很多人來說，市集是需要群體參與協調的最主要活動。蘇羅金（Pitirim Sorokin）的報告說，印度阿薩姆邦（Assam）的卡西斯（Khasis）族每八天舉行一次市集，由於他們是很講求實際的人，所以也就定了每週為八天，並且拿舉行主要市集的地點名字，分別來為一週內的每一天命名。

印度安達曼（Andaman）叢林裡的土著，也是另一種不太需要買日曆的人。安達曼人根據周遭環境中的花草樹木所散發出的氣息為準，按著它們氣息最濃郁的先後次序，建構出很複雜的年曆。當安達曼人想知道究竟身處於一年之中的何時，只要到自家門外去嗅嗅氣味就可以了。

緬甸的和尚還發展出一種傻瓜都會用的鬧鐘。黎明時分「當光線足以讓他們看見手上的青筋時」，就是該起床的時候了。

也有些族群是明明有手錶，但卻寧可用不準確的方式來測定時間。舉例來說，人類學家雷貝克（Douglas Raybeck）曾經研究過馬來半島上的吉蘭丹州（Kelantan）的鄉下人，他稱之為「椰子鐘」的族群。吉蘭丹人所發明的椰子鐘，是在運動競賽中作為計時器用的，但這椰子鐘卻把他們對待時間的特色表露無遺。這是用半個椰子殼做的，中央穿了個小孔，然後放在一桶水的水面上。中場休息便是以此為計時，當椰子殼浸滿了水而沉下時，通常是三到五分鐘左右，中場休息便告結束。吉蘭丹人也知道這種鐘並不準確，可是他們寧捨自己的手錶而選擇椰子鐘。

有些民族甚至沒有一個單字用來表示「時間」。李奇（E.R.Leach）曾經研究過緬甸北部的克欽人（Kachin）。克欽人用「ahkying」來表示鐘錶時間；「na」這個字代表很長的時間；「tawng」則是指短時間。提到春天的時間時用「ta」這個字，而「asak」則是指人生。克欽人對這些字義分得很清楚，絕不認為它們是大同小異。然而多數的西方人把時間視為客觀實體（在英文中是個名詞），克欽人的時間用語則更近於副詞。對於克欽人來說，時間並不具備有形的實質。

有很多北美印地安文化群，也是只有間接地在語言中提及時間。例如蘇族（Sioux）人的語言中就沒有表示「時間」、「遲」或「等待」之類的單字。霍爾觀察到霍皮族（Hopi）的動詞時態中，沒有過去式、現在式和未來式。霍皮族就像克欽人一樣，跟時間有關的觀念的字眼都更近似副詞，而非名詞。例如在談到季節時，「霍皮族人沒法子談及夏天很熱這件事，因為夏天的屬性就是炎熱，就像蘋果有紅色的特質一樣。」霍爾的報告說：「夏天和炎熱是一樣的意思！夏天是種炎熱的『狀況』。」克欽人和霍皮族很難把時間當做一種質量去理解。當然，這也不是說金錢與鐘錶時間同等，因為時間其實只存在於永恆的現在。

很多地中海地區的阿拉伯文化群把時間只劃分為三組：根本沒有時間、現在（包括有各種不同的持續程度），以及永遠（太長遠的時間）。結果，每當美國商人試圖要阿拉伯人清楚區分不同的等待階段，比如說，「長時間」和「很長的時間」這兩者時，往往溝通出岔而飽受挫折。

有一次，我試圖要把一份時間觀調查問卷譯成西班牙文，以便給墨西哥人用，也發生過類似的字彙困擾。英文問卷原本上本來有三個問題，是問調查對象：在一個已敲定的約會中，他們會「期待」對方何時到達？他們「希望」對方會在何時來到？以及他們會「等待」多久直到對方出現？結果這三個英文動詞「期待」、「希望」、「等待」全部都被譯成了同一個西班牙動詞「esperar」（葡萄牙文也是這個動詞）。後來我終於不得不拐彎抹角地用其他詞語去說清楚。

有句猶太諺語說：「滿懷希望是美事，等待卻壞了這美事。」拿這句話去和一個語言中沒有固定區分「期待」、「希望」、「等待」的文化對照，你就會體會諺語後半句如何看待時鐘了。起初我很有挫折感，因為在翻譯調查問題時不能勝任自如。不過，稍後就醒悟到，在翻譯上所受的挫敗，也等於告訴了我有關拉丁美洲人的時間觀念，這答案跟他們正式回答問卷是一樣的。與時間有關的無形與有形的語言，彼此是相輔相成的。

以免所有的事同時發生

談到鐘錶時間的基本功能，可能有人主張：這是為了防止同時發生的事件混淆不清。「時間是大自然用來維持一次只發生一樁活動事件的方式。」有段牆上的塗鴉如是說。我們的活動網愈是複雜，就愈需要定出先後時間步驟。需要遵守鐘錶時間的共同承諾，也同樣適用於協調交通上。卡西斯族和努埃爾人之所以能不受鐘錶時間支配，因為他們對時間觀念的需求很明確又不複雜。

但是我們也不是非得橫越各大洲，才能見到仍然以活動時間來運作的族群，即使在鐘錶時間統領天下的文化群中，也還是有些人像是亞洲村民，對於時間觀的需求少之又少，和周遭那個由時鐘來協調的社會大不相同。在這些次文化（subculture）族群中，生活的節奏是以活動時間觀為準的。

貢薩雷斯（Alex Gonzalez）是位社會心理學家研究員，他在洛杉磯的美籍墨西哥裔居民區長大，如此描述過他童年時代朋友們對時間的態度，這些朋友一直住在他的故居附近。這些人之中，有很多都沒有工作，就業前途也不甚光明，而且他還留意到，他們幾乎都對未來不懷期望。

貢薩雷斯說，他的故居附近一帶，住的人都是每天群居終日，無所事事，只等著可以吸引他們興趣的事發生。他們的問題不在於找時間去做事，而是要找事去填滿時間。他們跟著活動走，直到彼此一致同意，感到時候到了，才進行下一步。光陰是沉悶平板的，手錶主要是當作裝飾品和身份地位的象徵，很少發揮報時功能。

如果你給這些人一隻「奔日者」（Day Runne）手錶，他們的反應會是怎麼樣的？可能就像斯威夫特作品《大小人國歷險記》裡的小人對待哥利佛那樣，在採取任何行動之前，先瞪著他的手錶看。他稱手錶為他的神諭，在歷險過程中所遇到的小人國，則認為手錶一定就是哥利佛的上帝；換句話說，他們認為他精神不正常。

彈性時間觀的好處

鐘錶時間文化群在安排活動時，比較缺乏彈性，他們的處事方式近似於人類學家霍爾所稱的「單一式」(monochronic) 或「一板一眼式」：喜歡每次只集中從事一個活動。持以活動時間觀的人正好相反，較喜歡「多元式」(polychronic) 或稱「多元化安排調度」：在同一時間內，同時做好幾件事。一板一眼的人喜歡從頭到尾以直線式來工作：在轉到下個階段之前，先有始有終地把第一事完成，然後再同樣地完成第二件事。然而，多元式的時間觀卻不是這樣的，工作計劃進行著進行著會轉向另一件事的趨勢或意向，因而去進行下一件事，然後又回到第一件事，變成這件事或那件事都時斷時續，或出乎預料地中斷、重新開始。「多元式」時間觀的各個事情發生期間，進展都很少。

多元式文化群的特色是深受人為因素的影響，他們注重完成人性化的轉移過程，而不是那麼在意於遵守時間表。舉例來說，就以兩個沉醉於聊天的布隆迪人來說，他們最典型的取捨，是寧可下個約會遲到，也不願打斷正在進行中的交談討論。事實上，如果還沒到自發式的結論出現之前，其中一方很鹵莽地突然中止談話，雙方都會感到受辱。「如果你看重人，」霍爾解釋多元式時間觀文化群的敏感處在於：「你得先聽完他們要說的話，千萬不能只因為要遵守排定的時間而打斷他們。」

持「單一式」和「多元式」時間觀的人很難彼此和諧共事，密蘇里大學管理學系教授布魯東（Allen Bluedorn）和他的同事就已發現：「單一式」時間觀的人處於同類型的組織中，會比較快樂而且更有成果。同樣地，「多元式」時間觀的人在物以類聚的組織中也有較好的表現。這些發現心得不僅適用於異國文化群，也適用於美國不同組織的文化群。

「單一式」和「鐘錶式」的時間觀，比較集中在注重取得成效、工業化的社會中，例如美國。「多元式」和「活動事件」時間觀則在第三世界的經濟型態中更常見。大致上而言，按多元式時間觀過活的人，至少以西方的經濟學家標準而言，生產力較單一式時間觀的人略遜一籌。但也有些情況顯示，多元式時間觀不但能以人為重，也同樣更具生產力。一板一眼的人因為墨守成規，在開始採取更進一步行動前，會先把事情做一了結。但是正如文字處理機的發明所帶來的啟示，即使是最單一式時間觀的人，處於非直線式的工作過程中時，也會自發地把注意力從一個計劃的這一部分轉到另一部分，前後銜接，或者再從後面跳到前面部分，同樣也能自由發揮又具成效。

當然，最有成果的一種方式，是能很彈性地遊走在多元式和單一式、鐘錶式和活動式時間觀之間，又能遊刃有餘。有些才踏入工業經濟的新人，已成功地兩者兼顧，既能大賺其錢，又不會把他們對社會義務的傳統承諾不分青紅皂白地犧牲掉。日本人把傳統的東方文化和現代的西方文化混合在一起，再一次提供了最矚目的例子。

幾年前，我收到與根田木吉的一封信。他是個東京商人，曾經在西方國家住過五年以上。我在有關各國生活步驟的研究中發現，日本人的生活步驟是全世界最快速的，而且這項研究發現透過了國際新聞報導了出來。與根田先生之所以寫信給我，是因為他很擔心我對日本人時間觀念的瞭解很表面（我可以補充一句，這是很好的理由）。他希望我能瞭解：日本人雖然可能很快速，但是並不意味他們像西方人那樣敬重時鐘。

他指出，在日本的集會，都沒有那麼準時開始，也比在美國的集會更「慢吞吞地」結束。「在我任職的日本公司裡，」他寫道：「開會要一直開到作出某些協議為止，或者開到每個人都疲累了；結束時間不是事前就很明確地定好了的，協議也往往沒有很清楚的詳述說明。也許是由於會議沒有預訂結束的時間，為了對此有所補償，如果你在會議還沒有結束前走掉，沒有人會怪你的。還有，在會議中打瞌睡也沒什麼不對，比方說，假如你是個工程師，對一項計劃中的財務會計部分不感興趣，沒有人會指望你保持清醒，全神貫注留意討論會計細節的。你可以打瞌睡、閱讀或者寫東西，或者站起身來去拿點咖啡或茶水。」

單一式和多元式時間觀的組織各有利弊。單一式時間觀系統容易不夠注重成員的人性化層面；多元式時間觀組織則容易有生產力不足的危機。如此看來，最健全的方式是精於這兩者箇中巧妙，而加以隨機運用。日本式的混合運用法，便提供了引人深思的範例，顯示人們可以自行掌控他們的時間，而不是倒過來受時間所掌控。

更多的時間戰爭

正因為文化的準則規範廣泛地在周遭社會中具有共通性，人們因此往往忘了他們個人的規則有多武斷，也很容易把文化常態和種族優越感混為一談。當不同文化的人互相打交道時，在很多層面上都存在著溝通不良的可能性。舉例來說，阿拉伯人和拉丁美洲人站著和人交談時，通常要比我們在美國的人更加靠近對方，而這點卻常常會被我們曲解為具侵略性或不尊重的表現。類似情況下，我們也往往誤解了時間觀與我們有異者的意圖。像這些都是在文化的沉默語言溝通中所發生的困難。

幾乎每個旅行者都曾經歷過這類粗心大意的錯誤，以他們的方式誤解周遭文化的本意，或者倒過來被其他人對他們會錯了意。特別常見的禍根，是涉及鐘錶時間觀和活動時間觀之間的衝突。幸虧我們所碰到的大多數障礙，僅限於令人不快的溝通不良而已。然而，要是這種誤解發生在更高的層面，事態可能會變得非常嚴重。

一九八五年就發生過這樣的例子。有一群回教什葉派恐怖份子劫持了一架環球航空公司的航機，還劫持了四十個美國人作為人質，以此要求以色列釋放囚禁在獄中的七百六十四名黎巴嫩什葉派犯人。不久之後，恐怖份子就把美國人質移交給回教什葉派領袖，這些領袖向每個人作出保證說，只要以色列做到他們所提出的要求，人質就可以安然無恙。

在如履薄冰交涉期間的節骨眼上，什葉派阿瑪民兵（Amal）第三號頭目薩布里尼（Ghassan Sablini，為軍方權威人士）突然宣布，要是以色列沒有按他們所提的要求，進行釋放什葉派囚犯，那麼，過兩天他就會把這批人質交還給恐怖份子。這個宣布導致了非常危險的局面。美國的談判者知道，不論是他們本身或以色列人，在沒有想出個可以保全面子的妥協辦法之前，無法聽從恐怖份子的要求。但是什葉派領袖設下時限「過兩天」，這妥協看來是無法成事，而且也把危機升級到非常危險的程度，人人都緊張地屏息以待。然而，到了最後一刻，薩布里尼終於恍然大悟，原來他的聲明被銓釋成另一回事。他解釋說：「我們說過兩天，但並不是指絲毫不差的四十八小時。」這下子，大家都鬆了口氣。

就因為對「天」這個字的意思溝通不良，差一點就導致四十條人命，還可能引起一場戰爭。在美國談判者眼中，這個字代表了時間觀很技術性的一面：二十四小時；而回教領袖所謂的「一天」只是個說法，意思是指「過些時候」。

前者想的是鐘錶時間，後者想的則是活動時間。

第五章
時間與權力

很奇怪，等待你的人總遠不如你所等待的人那麼顯眼。

尚・紀侯杜《大門口的老虎》，第一幕

服役軍人的典型老調「趕快，然後等著」已經成了我們打發光陰的老生常談；我們等巴士和電梯，我們等侍應生和辦事員。我們排隊買票、排隊等遲到的火車，去看醫生又等上半天。

等候是很不愉快的事。「生活中有一半的苦痛就是等候，」這是作家亞歷山大・羅斯（Alexander Rose）的感受。如果要心理學家精準地量出這種等候所引起的痛苦程度，當然會有困難，不過我們絕對有充份證據可以顯示，等候的後遺症往往是很有害的。從研究報告已經可以看到各種不同輕重程度的反應，由輕微的挫折感到潰瘍症，甚至嚴重的體質敏感、因心臟病而死亡等等。研究人員如歐蘇納（Edgar Osuna）更進步到可以把等候時間和緊張焦慮的關係，直接用數學方式明確地表達出來。

如果你堅信時間就是金錢的話，等候的代價就很昂貴了。很多學者專家都認為，最終導致蘇聯崩潰的主要弊病之一，就是浪費時間。以經濟學家歐洛夫（Y.Orlov）為例，他估計每年共有三百億小時是完全浪費在買東西這件事上面：這相當於一千五百萬人在一年中的總工作量時間。根據另一項研究估計，就只拿莫斯科來說，有二千萬以上的人力時間是花在排隊繳付房租或其他費用。

一九八八年，研究人員曾經為匹茲堡一家顧問公司「優先管理有限公司」，作了一系列實地調查研究，發現一般美國人平均在一生中花掉五年時間去排隊等候，六個月的時間站在紅綠燈前等候，並有兩年時間用來等著回電話給別人。儘管在美國等候並非像在以前的蘇聯那樣，是全國性的消遣，但我們的時間意識也仍感到浪費的損失。

人口不斷增加，而資源日漸減少，因此隊伍愈排愈長，問題更加嚴重，也就不足為奇。但是等候的過程中，除了挫折感和花費之外，還有別的。社會科學家認為等候遊戲的動機，也同樣值得重視，這遊戲提供了寶貴的機會，得以瞭解文化最根深蒂固的運作方式。制定等候的規則和原則──誰排在前面，誰排在後面，還有誰是根本不用等候的──都透露了可貴的資料。這些規則便是文化無聲語言的部分，雖然沒有明文標示，但它們所帶來的信息，卻是無聲勝有聲。

規則之一：時間就是金錢

世上大多數地方，都是以此為基本規則，其他一切由此衍生。勞工以小時來計算工資，律師按分鐘來收費，賣廣告是以秒來算錢。經由一種很奇特的腦力演算，文明的頭腦把最隱晦抽象的無形東西——時間——濃縮成最可見的數量實物：金錢。把時間和產品放在同一個價值天平上時，就有可能衡量一部彩色電視機的價格相當於多少個工作小時。

我們不僅為了金錢而出賣自己的時間，也有個市場買回我們的時間。「最熱門的家庭新商品是『不工作』，」賀雷絲（Heliose）如是說。她為專欄撰寫家庭消費指南：「假如我能再讓他們多出二十分鐘，即使這得多花他們四塊美金的乾洗費，我還是成功的。」這是她對自己所扮演腳色的觀察。

民意測驗如今已例行地要求「工作過度」的美國人重新評估，看他們願意以多少金錢來換取更多屬於自己的時間。一九九一年，希爾頓飯店主導了一項有關時間價值觀的全國性民意調查，結果顯示，三分之一的調查對象都表示：他們情願減薪，來交換減少工作時間。這種以金錢來換取時間的意願，普遍存在，不分性別、年齡層族群、教育背景、經濟狀況，以及兒女的多少。「要時間還是要金錢？」成了疑問，因為這兩者是同樣具彈性的東西，可以互換形式，就像水和冰，或者是現金與支票。

在不玩「時間就是金錢」遊戲規則的文化群中，又是完全不同的故事。有一次，我在尼泊爾的加德滿都要打個電話回美國，這個國家的人在過了印度邊界之後，就得要把手錶撥快十分鐘。並且，天知道為了什麼緣故，加德滿都的時間比格林威治標準時間要快五小時又四十分鐘。我已經先做好了最壞的打算。

為了不跟人擠，我在大清早七點半就到電信總局去。在國際長途電話的登記窗口等了十分鐘，等辦事員前來。他說，要接通國際電話服務台得花幾分鐘時間。於是我就坐下來，拿出一本書來看。

等了又等，到了九點半還是沒有聽到任何人的名字，也沒見到當初那個辦事員。為了弄清楚我的處境，我又回到窗口，可是現在窗口前已經排了很長的隊。等了二十五分鐘，輪到我的時候，新的辦事員告訴我，電話線路繁忙，所以我只好耐心點。

到了中午，還是沒有叫到我的名字，新的辦事員也早就走掉了。我又回到窗口，這回排了四十五分鐘的隊（碰上了午餐時間的人潮），最新的這個辦事員找不到我的申請登記，過了幾分鐘之後，他在那堆「失效」卷宗裡找到了，上面顯示：致電者（我）已經放棄打電話並且離開了。

我又重新坐回原位，並從兜售吃喝的人那裡買了些午餐食物。不知怎的，看到一些人在等候區轉來轉去，向等著打電話的人賣食物來維生，並沒有絲毫影響到我對電話公司的信心。我把書看完了。終於，到了下午三點鐘，辦事員向我們宣布，由於所有的海外電話線路中斷，我們好不好明天再來過？

第二天早上，又等了將近兩個鐘頭，才叫到了我的名字。我飛奔上前。「我只是要確認清楚你要打的號碼。」辦事員說道。我向他證實他所知的號碼無誤。

「請坐下等著，」他說：「我接通了國際台就會叫你。」

基於某些原因，這次交談並沒有讓我生氣。事實上，像是情緒錯亂，我居然覺得已經向前邁進了一大步。在這確認的小插曲之前，我更覺得自己有點像是卡夫卡作品《審判》中的主角，他既不知道他被控告什麼罪名，也不知道為什麼會在那裡，他在等什麼，或者是還得等多久。回到等候區，我感到已經比其他那些等候伙伴略勝一籌了，他們連座位都還沒離開過呢！有幾個人想知道，我到窗口那邊去的進展如何，我便勉為其難地把和辦事員打交道的詳情透露給我的聽眾，可真成了要人！

我坐下來又等了些時候，沒多久我就聽到了。也許對於那些無法掌握其中意義的人而言，聽起來好像耳語，但在我的耳中聽來有如綸音灌耳：「魯飯恩，二號電話亭。」辦事員大聲叫著我發音不準的名字。

我慢慢地走向櫃檯，感到那些沒我幸運的等候伙伴眼光正盯著我。我努力地露出像我這樣地位的人士應有的莊嚴。這可是在加德滿都電信局裡，被辦事員在一個鐘頭之內連續點兩次名的人呢！

我想到過，那些等候伙伴很快又會要求我再跟他們演講，談談關於我這段邁向二號電話亭的漫長旅程；我如何地從未放棄希望；而且不久的將來，他們，而不是魯飯恩先生，也可以同樣地凱旋前進。

我進到電話亭裡，辦事員問我準備好沒？（嗨，佛教徒在這個時候是不是要唸句「唵嘛呢叭彌吽」？）然後我聽到海外接線生的美妙聲音，她用完美的英文問道：「你是劉邦恩先生嗎？」我愣了一下，幸好及時反應過來。

「是的，我是劉邦恩先生。」我隨著她回答。

「請講，對方已經接通了。」

「哈囉！比華利，」我嚷嚷著：「我是鮑伯！鮑伯・劉邦恩！我在尼泊爾，在二號電話亭裡。」我聽到另一端傳來嘈雜聲，很像我那條狗被踩到尾巴時習慣發出的怪聲。然後寂靜無聲，我喊辦事員來，他說一定是接線上出了問題，他得再打給海外接線生：「請就座，大概要等幾分鐘。」

我望向等候區，還是那些同樣的臉孔，五顏六色的一群人。很難形容那種又要坐回到我那些低層等候同僚之中的心情，有多令人不快。於是我離開了那建築，回到根據地，一晚睡眠之後，又是新的一天。

第二天早上情況好些，我才等了大概二十分鐘，就聽到辦事員（第一天遇到的第二個）向我們宣布，今天不能打國際長途電話：「國王把所有的通訊線路都包下來了。」坐在我旁邊的另一個外國人說：「這可真是名堂夠大的好藉口。」

直到第四天我才終於打通了電話。但是更讓我留下深刻印象的，還不是一再的延誤，而是那些跟我一起等候的人，竟然沒有一個人像我這麼受折磨。等候似乎在多數尼泊爾人的生活中佔了絕大部分，以致為了打長途電話等上數小時是司空見慣，也沒什麼特別累人。

但是尼泊爾的電話公司可能也留意到「時間就是金錢」規則，最多也只糟蹋到此地步為止，不然他們可以把發生在邊界彼端，印度同業的事件作為借鑑。

印度的電話服務效率很差，以致有些商家會雇用個男孩，專門去等電話接通。要是想打的號碼接通了，他們就一直會保留這條線路，以便整天都可以使用。幾年以前，國會議員賽提（P.C.Sethi）花了大半天打電話到孟買，都沒有打通。幾個鐘頭之後，賽提便拿了把鎗，帶了武裝警衛，暴怒地衝到電信局去。英文報章後來在頭版上用了這樣的頭條標題「賽提也瘋狂」。不管是否跟多元式時間觀有關，總之，賽提認為電信局讓他這樣重要的人物等那麼久，是打破了規矩。

無可否認，武力攻擊是飽受挫折的極端反應，但是在這個事件中，卻招來了不少同情。有家印度公司的經理評論說：「這個電話系統也只有在鎗管底下才會運作。我很欣賞賽提所為，我打算寫封信去跟他說我同意他的作法。」

規則之二：供需定律決定排隊規矩

在時間就是金錢的地方，是經濟上的常見規則統領天下。我們為所看重的東西而等候，需求愈大於供應時，所排的隊也就愈長，因此，人們為了要去聽熱門音樂會而排隊，為了要去最喜愛的海灘而塞車，為了要向最傑出有名的律師諮詢而在辦公室裡久候。

當需求量壓倒供應量時，可能會因著等候時間增加，而令產品身價暴漲，超出原價。在這類情況中，我們所花的等候時間也成了所謂的產品成本。就以共產時代的波蘭為例，有次我目睹人們排了兩個多鐘頭的隊，為的只是可以優先買雙鞋（而且還是「時間不足，請勿試穿」）。等他們一走出店裡，很多買到鞋的幸運顧客立刻換個地方，以黑市價格出售他們到手的貨。據我瞭解，脫手的價格就是以原主花了多少時間排隊來計算。而鞋的品質好壞則與價格無關，因為在那樣的城鎮中，根本別無其他選擇。然而任何人要是在美國曾經跟賣票黃牛打過交道的話，也會知道，並不是只有在東歐才會把等候時間換算成利潤價值的。

有時人們很精準地去衡量時間的價值，就好像為庫存貨品標價似的。《時代》雜誌登過一篇〈美國人怎會沒有了時間〉的封面故事，撰文者南西•吉卜斯（Nancy Gibbs）報導：

以前，時間就是金錢，可以浪費，也可以好好地利用，但最終黃金才是更豐富的獎品。總而言之，幾乎就像是任何商品，價值是按照供應量多寡而定。而今的日子卻鬧時間饑荒：要是再如此持續下去，八十年代所謂時間就是金錢的道理，在九十年代將會終結。事實上，像華爾街那些初生之犢的雅皮士，擁有高薪卻百務纏身，休閒時間竟成了他們最難買到的東西。

路易•哈里斯（Louis Harris）的民意測驗顯示，過去二十年以來，美國人的休閒時間已經減少了百分之三十七，因此斷言：「時間可能會變成這國家最貴重的貨品。」隨著時間的價值高漲，支配它的供需定律也就更加精準。「等候遊戲已經成了輸贏很大的玩意。」

規則之三：排隊越長，東西越好

以下這項心理上的推論，可為等候之痛自圓其說。很奇怪的，原來我們的確「相信」隊排得愈長，鞋子就愈有價值。至少是基於兩個理由。

第一個，在這件個案中，我們對於花費時間，有自圓其說的心理需要。在社會心理學上，這是「認知不一致」（cognitive dissonance）定律：對於某些事情，如果我們不找個解釋（甚至有時候要製造個解釋），很難對自己有所交待。把這個「為了這麼一雙爛鞋浪費我的寶貴時間，真是個蠢蛋」的想法，與「這確是很值得等候的寶貝」對比，多數心理健康的人都寧取後者。

要是太過容易到手的，事實上，一般人通常是不想要的。誰要進一個冷清無人的餐廳去吃飯？我們都告訴自己：所以選擇那家大排長龍的餐廳，是因為那裡的東西可能比較好吃。等待本身就是吸引力的一部分，不知怎的，沒有人潮的餐廳，所供應的餐好像也不很開胃。

第二個理由，人性總會評估什麼東西是不容易取得的。社會心理學家夏丁尼（Robert Cialdini）花了三年時間，深入不同的組織，去觀察那些專業人士的手法──這些人士是靠誘導其他人從其願而維生的。夏丁尼從中學到，最有效的手法之一，是利用「物以稀為貴」的原則：愈是良機難逢，看起來就更機不可失。專業人士拉攏那些猶疑不決的買家所最常用的精明手法，就是操縱他們，讓他們以為如果不馬上敲定的話，就得再等上很長的時間。夏丁尼回憶說：

我所調查過的一家日用品店，就把這種手法玩得天衣無縫，這家店有百分之三十到五十的庫存貨都定期大減價。假如店裡有對夫妻顧客，遠遠望去好像對某樣減價貨頗感興趣，售貨員可能就走上前去說：「我看你們對這型用品很感興趣，這我很瞭解；因為這台機器性能很棒，價格又很划算。不過，可惜的是，不到二十分鐘之前，我才剛剛賣了一台給另外一對夫婦，要是我沒弄錯的話，這已經是我們最後一台了。」

顧客臉上很清楚地流露出失望的神色，因為物以稀為貴，這台用品也突然變得更有吸引力了。果不出其料，其中一位顧客會問，店裡儲藏室或貨倉或其他地方等等，是否可能還有另一台新的？

「嗯，」售貨員表同意狀：「有可能，我很樂意去查查看。不過，你是不是真的要這個型的呢？假如我幫你找到了另一台，也是這個價錢，你買不買？」這一招漂亮極了，完全符合物以稀為貴的原則，當東西看來很難到手，因而也非常想弄到手時，趁此要求顧客做出購買的承諾。很多顧客都在這易受引誘的時刻同意了一樁買賣。

同時他也發現另一個現象，要是顧客後來知道看中的那型又大量供應，也就是說不需要久候等待時，往往又會覺得那東西沒那麼有吸引力了。隊排得愈長，東西看來就更好。

等待本來是因有限的資源而起，但是經濟上的定律還只是個開端而已，這些資源的分配才是形成等待遊戲的真正重心所在，如果你看得更仔細點，就會看到這些狀況的本質、權力所在，以及自我身價。

規則之四：誰的地位高，等誰

身分愈重要，也就愈無空暇，既然時間是有限的，它的價值也就隨著身價而水漲船高。

重要人物的時間必須受到保護，就像是貴重貨品一樣，因此便產生出兩項必然的規則。重要人物通常只透過定好的約會才能見到；地位較高的人可以讓地位比他們低的人等待，反過來卻絕對不可以。只要那些居於其上的人可提供某種有價值的東西，不論是產品、服務、取得寶貴資源之道，或僅是為了愉快地碰面聯繫一下──這些規則都是理所當然的。

在等候遊戲規則中，不同地位的差別待遇，絲毫不爽。例如像我任教的那些大學裡，通常有條不成文的規定：助教上課遲到，學生總得等上十分鐘；副教授則要等上二十分鐘，教授則得等上三十分鐘。如果角色對調，可就完全不是這回事了。在一項由心理學家哈珀恩（James Halpern）和卡絲琳‧以薩（Kathryn Isaacs）所做的研究中，有一群學生和教授被問同樣的問題：他們會花多少時間去等一個約會遲到的學生？多少時間去等一個教授？所有的測驗者都表示他們會花比較長的時間去等教授。另外，不管被等的是學生或教授，學生願意等待的時間都比教授要多得多。這些標準宣告了我們的相關身價：我是獲准浪費我學生時間的，而且不需解釋，可是學生不得侵犯我的時間。

這種關係有時會導致極不尋常的遭遇。經驗豐富的教師都很可悲地醒悟到，學生最愛上的課就是「不用上課」。每當我很內疚地宣布要取消某堂課時，總是贏得歡呼、掌聲，甚至是美國南方式的凱旋長嘯。而即使我在表現最好的講課之後，也從來沒有得過像上述其中任何一種喝采。這還是那些喜歡我的學生這樣對待我呢！

之所以會讓這一切看來古怪，是因為這些學生是付我薪水的人。從金錢幣值的角度來看，他們擁有我的時間，而不是我擁有他們的時間。但是由於我的教授職位，因此對他們的成績有掌控權，而成績或多或少都對他們的前途有決定性。說穿了，我們的等待遊戲規則就很清楚顯示出：誰才是主持大局的人。

在某些國家裡，讓他人等候是身分地位的本質。在巴西的一項民意調查中，我和同事詢問人們，他們認為守時與成功的關係有多密切？哪知大出我意外，巴西人認為約會永遠遲到的人，才是最成功的人，而最準時的人是最不成功的人。我們的資料證據也顯示，巴西人認為約會永遠遲到的人更輕鬆、快樂也討人喜歡—而這一切都與成功有關。

這些答案起初真把我給愣住了，就算在一個似乎對時間觀有無限容忍的國家，這看來也未免太過分了。具有彈性是一回事，但是認為不要守時才真的能取得成功，這又是另一回事了。但我忽略了重點所在。

巴西人認為約會總是遲到的人是最成功的人，因為這是事實，重要人物總是讓下面人久候。與其說是缺乏守時觀念可以導致成功，還不如說是不守時是成功所產生出的行為。欠缺準時無誤的態度是代表有成就的炫耀方式，這是形像配備的部分，就好像是一雙高級皮鞋一樣。在美國，我們最恨那些有權有勢的人讓我們久候，比如說醫生等等。但是我們所調查過的巴西人，並不怎麼憎厭等候，他們賺錢比高層少，這點才更讓他們介懷。他們很羨慕這一點，也希望自己有朝一日能飛黃騰達，買棟好房子和名貴汽車，然後也讓他人久候自己。

在很多阿拉伯文化群中，都有這樣一條常規：如果年輕女性和沒有婚姻關係的男人有染而被抓到，有時會被她的兄弟置諸死地。在西方人眼中，這是很不文明的行為。但是對於做兄弟者而言，他們是以社會習俗模式來挺身保護很重要的制度─家庭。這是他們的責任。姐妹是家庭與家庭之間神聖不可侵犯的一環，要保存社會秩序就必須這樣做，讓她免於受責難。巴西重要人物的時間行為表現，一定可以同樣地引伸理解，規則是要等候那些手操勝券者，而且，至少在巴西是不准因而訴苦抱怨的。

有時這種身分地位的規則，也會導致很微妙的權力鬥爭，就像作家懷特（E.B.White）在多年前所觀察到的那樣。他曾經如此描繪一場「商界僵局」：

> 有一次，我們到一家商業公司去找機會，坐在候見室裡等候，隔牆有耳，無意中聽到了一段話，有位商界大佬正努力地和另一位旗鼓相當的對手取得電話聯繫，然後他們聯絡上了。先是張三先生辦公室的電話鈴響了，我們聽到張三先生的祕書接了電話。那是李四先生的祕書打來的，說李四先生想跟張三先生通話。「好的，你請他聽電話。」張三先生訓練精良的祕書如是說：「然後我會請張三先生聽電話。」。「不行，」另一頭的小姐顯然是這麼回答的：「你先請張三先生來接電話，然後我會請李四先生跟他講。」。「辦不到，」那層薄牆後面的小姐反擊說：「我才不想要張三先生等候呢！」這是場巨頭間的戰爭，由他們的手下進行交戰，決定哪位巨頭的時間更寶貴，就這樣火拚了五到十分鐘，在這個空檔裡，巨頭本身可能無所事事地閒坐著剔牙。終於其中一位小姐投降了，或者是被克服了，不過其實也可以輕而易舉地以抽籤為終。正當我們坐在候見室裡枯等竊聽之際，這場一時癱瘓的商業活動倒預見一個，明天會更好的

訊息——總有一天，商界生涯會出現真正的平等，無名小卒也可以跟任何人講話，因為大家都同樣忙碌。

規則之五：人家愈肯花時間等你，你的地位就愈高。

這是規則之四的反面版本，也是千真萬確的：你在等候體系中的地位高下，往往也決定了你的重要性。這就像在波蘭把鞋子再度脫手的例子一樣，買者要排的隊愈長，鞋子就變得更貴重。金融顧問、代理律師或是演藝人等，愈是要預早約見的，身價也愈高，這是最簡單的事實。如此一來，他們的時間也就更加供不應求，所以便造成了惡性循環。

較大規模的公司裡，社交界線有時也反映在建築樓層架構上，換句話說，你愈要往高層樓上去的話，就要等更久的時間。巴利・史瓦茲（Barry Schwartz）在他名為《排隊與等候》的書中提到這樣的經驗：

等級較低的那些人，是你可以直接走進去找他們的，這些人通常都在主樓層，或至少是在較低層樓面，置身於櫃檯後面，等著為你效勞。你愈上去見高層，就會發現那些人也都在較高層樓面的辦公室裡：首先是拘留營式的大辦公室，然後是個別辦公室，再來是有祕書的大房間。步步為營，通路愈趨困難，因此也就需要約見，而讓人等候的機會也告產生。最近我在跟信用卡公司打交道時，就發生了這樣的情況。起初，我到一樓去向櫃檯小姐申訴，她無法處理我的問題，便請我到八樓去找大辦公室裡的某君談談。我等了長短適中的時間之後，這人出來了，在接待室裡跟我討論我的問題。我想到如果要想釐清問題的話，還得找個主理其事的副總裁，這位副總裁恐怕又要讓我把那天其他時間都花在等候上了，我那時卻沒時間再耗下去，所以抓緊了機會和上述那位辦事員談，這人當然還是愛莫能助，於是我到現在還在設法找出時間來，找個可以浪費的下午，再回去見那個可以幫我把賬目搞清楚的副總裁。

當供應者的價值因著「認知不一致」和「物以稀為貴」（規則之三）的心理因素而水漲船高時，一般人也就愈難上達到救星的層面去。貝克特的劇作《等待果陀》（Waiting for Godot）中，就有這麼極端的例子。果陀是個不服務的服務者，他的唯一身價是得之於他被人等候的這個事實。

對於等候者來說，卻又是另一回事，沒有什麼會比漫長的延遲更讓他們洩氣的了。他們可不需人來提醒「等候者」（waiter）這個字的本意是「侍者」，要服侍上級的人。（法文的attendant，意思就更明白了。）

當我們在約見時間裡卻又被要求等候時，這種「侍者」地位感就更特別的明顯——例如我們千方百計去聯繫的人，終於降尊紆貴地肯見我們了，卻又在我們坐在那裡時去接聽電話，如此這般地把我們等了幾個星期要討論的事置諸腦後。他們的思路打斷了，然後又抱歉地跟我們說，得改天談我們的事。那種羞辱感是很難形容的。何不乾脆當面說：「你沒有我重要，也沒有我剛才講電話的人重要，也不及這個鐘頭所餘時間可能會發生的事情重要。」

規則之六：花錢可買前排位

不單是重要人物能讓他們的下屬等候，還有些特權階級也幾乎可以對等候免疫。他們可以獲得特別服務，以節省他們的寶貴時間，然後再利用這些時間去賺更多的錢來付特別服務的代價。

例如上層人士就可以進一些銷售人員要迎到店門口招呼的店去購物，又或者更幸運的話，還可派別人幫他們去購物。音樂會的票售罄了，他們要買的話，就打個電話給票務代理。他們甚至於不需要到銀行去久候以便處理錢銀之事。當你有個大到某個程度的帳戶，銀行自會上門來找你。

至於處於底層的人，可就是完全不同的故事了。即使是等候同一種服務，沒有財力的人所排的隊就最長。史瓦茲所作的一項研究就顯示：在全國性被抽樣調查的美國人之中，當被問及他們一般在看醫生要等多久時，非裔美國人（他們也是社會和經濟地位較低的人）要比白種人等得更久；而且社會和經濟地位愈低，等得愈久。身分地位高的白人，百分之三十六回答說要等三十分鐘或以上，相形之下，同樣地位的黑人就有百分之五十要等同樣的時間；地位低的白人則有百分之五十一，黑人則有百分之六十九是要等最少三十分鐘。

在某些國家裡，有些人唯一的功能就是去幫闊人排隊，有點像是臨時奶媽。以墨西哥官僚制度來說，美國的官僚體系與之相比，簡直像運轉順利的機器，墨西哥的生活則阻礙重重，充滿無休止的「辦事手續」（tramites），也就是說官僚程序。比如說去換新駕照，就可以花上一天時間去排隊等候。然而有錢的人卻可以雇用「代理人」（gestores）——或者俗稱「黃牛」（coyotes）——去專門代人排隊。在政府各部門外面，都可找到相當多的代理人，有些甚至還有自己的辦公室，顧客只需上門交出填好的表格（代理人通常都備有很充足的空白表格）然後敲定取件的時間，再回頭來拿已辦好的文件。

議價則是根據顧客可省下時間的多寡而定，辦事效率高的代理人職責之一，就是要簡化官僚手續的過程，方法通常是付酬給經手人。但結果顧客所省下來的時間，以及為此所付的酬金，還是會多過代理人付紅包的損失。即使代理人的工作形同貪贓枉法，但卻完全無損於這個行業的形象。代理人被視為很有用的中間人，他們提供了很必需兼且重要的服務。

墨西哥的某些辦事手續，簡直可說是逼使你雇用人家的身體去代為排隊佔位。譬如說想要申請簽證，通常得要在前一晚便開始在領事館門外排隊，以便第二天一早開門時，可以確保取得萬全之位。不過，齊集在建築大門外的那些人，也都是那些等著受僱代你通宵排隊的人，要是價錢合適的話，整個家族都會出動來為你排隊等位。

在巴西，則有訓練有素、稱之為「代辦」（despachantes）的專業等候者，這些專業人士提供中間角色的服務，奔波於闊綽人物和永無休止的官僚繁複手續間。在此可講講巴西的官樣文章有多麻煩。我在這個國家居住的十二個月期間，就僅以政府當局所要求我辦的簽證而言，已經包括有：入境簽證，還有四次我到附近四個國家旅行，每次都需要臨時出境簽證、臨時入境簽證，臨了離開巴西時，還要辦個出境簽證。總的來說，平均每個月幾乎就要申請一次簽證。

這官僚文章在到我快離去時，更遠超乎荒唐之上，我要去申請個永久出境簽證，問到的結果是說先買了返鄉機票，就可辦到簽證。當我快到經辦手續的建築時，見到了那群慣見的代辦，多數都穿著得體，手上提著很氣派的公文箱（這些代辦有客戶撐腰支持，因此比起他們那些墨西哥「代理人」同行，要神氣得多）。我問了其中一位代辦，辦這離境簽證需時多久？因為較早前曾經和他打過交道，他幫我辦過另一個簽證，合作愉快。他解釋說，如果我要自己去跑，大概要三個星期，因為公文必須歷經三座不同建築中的幾個辦公室。可是我再過兩個星期就得走，我跟他解釋說。「不成問題，」他用葡萄牙文回答我說：「我可以直接把文件送到第三座大樓裡去辦，那個辦事員可以代前面所有經手人簽辦手續，我只要兩天就可以幫你辦出來。」「不過要是你可以略過前面兩座辦公大樓，」我問道：「那麼，那些政府部門要來幹什麼？」「沒什麼用，說真的，」他回答說：「那只不過是政府工而已。」

當我們重新審核申請資料時，代辦要我的「外籍人士臨時身分證」，這是在我開始獲准於巴西工作—而其實我已經工作了十一個月之久了—之前，應該先取得的通知書，也是在申請入境簽證前必備的文件。我解釋說，已經申請過而且在入境巴西之前，也獲得核准了，但卻從來沒有收到過這張身分證。他指出，那麼就技術上而言，我無法證明實際上我已經進入了巴西，所以也不能獲准出境離去。我得先取得有關入境的文件，然後才能拿到出境簽證。這個節外生枝頗讓代辦不知所措：「這些外籍人士文件可得跑不止一個城市去辦，說不定要花上將近一年時間。我得去辦這個文件。」

最後他說可以在一個星期之內辦出來，但我並不樂觀。可是六天之後，正當我已經考慮要找個真正的不法之徒助我偷渡邊界時，代辦帶著我的文件上門來了。在入境巴西五十一週之後，終於正式核准我的入境簽證生效，有效期卻只有七天，然後，與此同時，我也獲准出境。

在美國也一樣，「販賣時間」是目前高度成長的行業，不過，卻帶有美國式特色，承包人所看準的是涵蓋面更廣的各種活動，而不僅限於前述的代理人或代辦所針對的目標。其中一個榜樣便是「為您效勞」（At Your Service），由帕汀（Glenn Partin）和羅傑士（Richard Rogers）幾年前於佛羅里達州的冬季公園（Winter Park）所創立。顧客本身不願花時間去做的任何事，「為您效勞」都可代勞：從排隊等候到打理家務、購物以及跑腿打雜等。這種業務完全就是記者吉卜斯所講的「為數不斷增加的承包人，能夠以其專長來提供服務，收費介於每小時二十五到五十美金之間。以前家庭式服務的小行業，目前卻成了全國各城市蓬勃新興的行業。任何人只要能保障一個家庭的閒暇時間，就能成功。」

即使是當有錢人無法完全避免等候時，他們所受的苦也比窮光蛋少，在盡可能的情況下，他們的等候環境總會比較舒適。阿利漢（Milla Alihan）在他名為《公司行業禮節》的書中忠告說：

浪費任何一位商界人士的時間，有如搶他的錢包；讓他等候是很不良的商場行徑，也是很沒教養的行為。

（假如免不了要延遲），你的祕書應該向他解釋情況，並且問他介不介意等候。她應該請他到你個人的辦公室裡去，脫下外套和帽子，招呼他舒舒服服地坐下，也可以問他，要不要她去找本雜誌給他看，或者去弄杯咖啡或茶，又或者是汽水等等，以便打發等候你的時間。

研究調查顯示，這項提議通常都會被遵守執行——但有選擇性。在一項研究中，史瓦茲及其同僚以一家位於美東城市的地產公司為對象，觀察主管階層辦公室視顧客而禮遇的情形。結果不但發現顧客的身分地位和等候時間長短有直接關係，地位高的顧客在等候時，會有飲料招待，而其機率是地位低者的四倍（分別為百分之三十六和百分之八）；地位高的顧客從等候室到去約見時，也往往有專人帶領陪同前往，其機率為地位低者的兩倍（百分之七十五和百分之三十三）。

上層人士也往往被分配到另成一格的落腳下榻處，比如在機場，他們可以到貴賓室去坐，裡面備有高級精緻的飲食，以及其他高檔的舒適設備，一點都不像與之隔離、被稱為「候機室」或「閘口」的地方那麼不光彩，有大群的平民百姓焦慮無耐地流放於此。即使是法治系統，也為那些有財力的人提供了較好的等候條件，在等候受審期間，有錢人永遠可以籌款交保金，而得以自由地在家等候開審；窮人往往就只能坐在牢裡等。要是他們被判徒刑，有財力的人也能在很大的程度上處於較舒適的設備中「過日子」，聲名狼藉的「聯邦俱樂部」（Club Feds）便是其縮影，其他人就沒有這些特權。

規則之七：透過等候，可以主控別人

繼身分地位與財勢之後，就輪到控制時間的能力，包括控制你自己的和他人的時間。講到這裡，便要提要等候遊戲的膽量了：時間就是權力。由於時間才是我們唯一擁有的，而且一去不復返，無可取代，因此再沒有其他統治支配的象徵更大於控制時間了。權力原則猶如三位一體：首先，讓一個人等候是練習弄權。其次，有權勢的人就有能耐讓他人等候。第三，心甘情願的等候，是對這種權勢的認可並使之成為理所當然。

嚴肅認真的弄權者深明此規則，往往因此直接對個人時間下手。

以前有位在巴旺‧西利‧拉尼西（Bhagwan Shree Rajneesh）所建立的宗教王國中地位很高的女士告訴我說：「巴旺的最終目標就是全然的奉獻。在美國開宗明義的週末期間，我們會先要求新成員許下一個承諾，以此作為過程的開端。第一步先要他們放棄手錶，接著是放棄金錢和衣服等。巴旺知道一旦他掌有了成員的時間之後（先是象徵性，稍後就是真正的），他就控制住了成員。」

有時掌權者把讓人等候當作是熱身運動，好提醒在他們之下的人，誰才是當家的。據傳，中世紀期間，教皇格雷果里七世便很欣賞這種運動，有一次他迫使神聖羅馬帝國的皇帝亨利四世（此君曾在較早前討挑戰教皇的權威），在冰天雪地裡站了三天三夜，才終於接見他。

對於俄羅斯人來說，由於經常需要等候，因此簡直成了日常生活重頭戲，對等候也生出像對武器一樣很奇特的迷戀。例如名作家索忍尼辛就在他的作品《癌症病房》裡有這樣的描寫：

在跟那人見過面（或者打過電話，或甚至是特別傳喚他）之後，他可能會說：「明天早上十點鐘請到我辦公室來一趟。」「我能不能現在就過去？」這個人肯定會這樣問，因為急於知道為什麼會被傳喚，也想趕快了結此事。「不行，現在不行，」魯薩諾夫會很用和氣但斬釘截鐵的口氣告誡對方。他不會說當時他沒空或者是得去開會，總之絕不會提供一個明確清楚、直截了當的理由，可以讓對方安心被傳喚（那才是這手段癥結所在）。他宣布「現在不行」的腔調語氣，能讓人有很多種會意，可不都是可喜的。「要談什麼事？」由於膽大或經驗不足，雇員可能還會這樣問。「你明天就會知道了。」尼可拉維治用溫柔如天鵝絨的聲音回答說，避過了這個很不高明的問題。然而，要等到明天，卻是多麼漫長的時間！

有時軍事戰略家也特別擅長運用時間來作為攻擊性武器，如果他們把這遊戲玩得好的話，可以扭轉乾坤，壓倒裝備更好的對手。在詹森當總統的時期，他曾接獲副國務卿卡曾巴赫（Nicholas Katzenbach）提交的備忘錄，主張停止美軍的轟炸，並且將部隊逐步撤出越南（結果未獲接納）。詹森核心集團裡的克里福德（Clark Clifford）稱這份備忘錄是兼具

「令人震驚和先見之明」：

> 河內利用時間來對抗，就像拿破崙進攻莫斯科之前，俄羅斯人利用土地空間來對抗一樣，他們總是撤退，每場交戰都敗陣，但到了最後，卻創造出敵人無法再運作下去的處境：對拿破崙而言，是因為山長水遠後勤支援不濟，再加上俄羅斯的嚴冬酷寒；河內則希望製造我們意見分歧不斷、不耐煩，以及因為一場不佔上風、沒有成功跡象的長期戰爭所引起的挫折感……時間是我們涉足這個戰場上的關鍵性因素。我們在越南如烏龜賽跑般速度的進展，能贏得過國內兔子賽跑般速度的意見分歧嗎？

近十年來「等候遊戲弄權者」的佼佼者，我個人首推伊拉克總統的哈珊。從任何客觀的軍事衡量標準，美國及其盟軍都曾予以哈珊一連串無情的痛擊，巴格達飽受無情的轟炸，以及幾乎全面性的商貿禁運制裁，簡直不亞於一場軍事反擊。哈珊的唯一防禦手法，也是最後的絕招，就是毫無動靜兼耐性。每次華盛頓威脅警告之後，就等著他回應，而每次都是巴格達來定下時間步驟。

一九九〇年八月，當美國首度發動影響力，對伊拉克進行幾乎全面性的禁運時，《今日美國》的報章上出現的頭條「等待遊戲現在開始！」堪稱為後來發展的最典型寫照。在哈珊以特有的「不回應」為回應之後，美國只有被迫將軍事威脅升級擴大。正如中東專家卡里地（Ahmad Khalidi）對《紐約時報》所說：「隨著一天天過去，很明顯地，哈珊愈是拒絕妥協，你們就愈會面臨支持伊拉克群情高漲的處境。」

一位美國軍事情報專家評析說：「我很擔心，哈珊又再一次地以他個人很少的代價，來控制戰爭的時間步驟。」即使在哈珊投降之後，他還是同樣發揮對時間的掌控；他何時才會撤軍？何時才會毀滅他的武器？檢查隊何時才能獲准進入？總是由他的敵人下最後通牒，但他們也總是得等候哈珊的回應。

一九九六年六月刊於《紐約時報》上的哈珊特寫中，作者歐曼（T.D.Allman）道出了觀察心得：「而今人人都同意哈珊抓權抓得很徹底。」如果勝利是以掌權來作衡量準則的話，歐曼下結論說：「那麼哈珊不僅是在波斯灣戰爭中，經由他的『努力抵禦』而凱旋竄起，而且他也繼續由這個勢力轉移到那個勢力。」身為哈珊的外交部長兼副首相的阿茲齊（Tariq Aziz），就很傲然地也在這篇文章中表示：「我們當然勝利了…我們打敗了你們！伊拉克並沒有因此就淪落到一無所有，我們還是操縱者；布希和貝克現在卻已經下台了。」當被問及哈珊及其領導權還可以在位多久時，阿茲齊的回答是：「永遠！」這就是控制生活時間步驟的權勢。

規則之八：釋迦牟尼行動

哈珊的例子展示了一項權勢規則的特別運用法：「等候」本身就可以成為最有力的行動。赫曼赫塞所描寫的青年悉達多（Siddhartha，譯註：釋迦牟尼成佛前的原名）認為：「每個人都可以施法，人人都可達到自己的目標，只要他能夠靜思、等待和不動搖。」藉著正確態度，等候可以變成對抗人生障礙最有力的工具。

此中訣竅是把我們的心思，由時鐘時間觀轉移到活動時間觀；先忘掉鐘上的計時和「時間就是金錢」這個觀念。釋迦牟尼就很願意利用充份的所需時間去贏得目標。他瞭解他的時間價值，但這卻跟按時收費一點關係也沒有；在他而言，受社會的鐘錶時間支配，也就在是浪費他最寶貴財富。詩人里爾克（Ranier Maria Rilke）銓釋得更簡單扼要；據說在他的書桌上方，寫有這一個字：「等」。里爾克很明白，畢竟等待就是介於現在和未來之間的鴻溝和環節。這也就是聖奧古斯汀所稱的「未來的現在」。

釋迦牟尼法可極具功效，尤其是對那些劃地自限的人。但是，就如同哈珊的表現所證明，這方式並不僅限於運用在靈性追求的領域裡，有時也會以不討人喜歡的形式出現。文切爾（Walter Winchell）被公認為他那時代最權威的記者，也是最令人敬畏的。文切爾衝刺速度極快；有一次他寫到自己：「我活在足以致命的步伐節奏裡。」但他卻是藉由等待而贏得了最大的權勢。他在自傳中提到所有曾經遺棄過他的「忘恩負義者」：

我已經原諒他們了，但不一定會忘記。我是個鬥士，一個「靜候時機的人」。等到一個忘恩負義的人忘了把褲鍊拉上時，我就會抓緊機會拍張照。要是有人負了我（而我卻曾經幫助過他或她），有朝一日我一定會還以顏色；或者在報上、在廣播中，又或者在對方腦袋上報以一瓶番茄醬，我不會捏造下流的事去寫他們，我會等到他們因嗑藥或拉皮條而被扣留時，將之公諸於世。

顯然他不是釋迦牟尼。不過文切爾的確深明這位大師對時間真義的教誨。

釋迦牟尼教條的潛力是不容否定的，不過，雖然這是張很簡單又有力的牌，可以運用的範圍可能還是有限的：問題在於在運用它時，往往需要把規則之一再重新銓釋（時間就是金錢），這點對許多人來說，可不像是對哈珊那樣適合。很多二十世紀釋迦牟尼最常見的結果，恐怕是恰如辛格騰（Mary Montgomery Singleton）詩中所寫：

啊，「萬事終會來到等待者處，」
（我為自愉而如是說），
但卻聽到溫柔而悲傷的回答，
「它們是會來到，然而往往卻來得太遲。」

規則之九：時間可以當作禮物去贈予

等候也可以成為慷慨之舉的表現。這種奉獻通常是很直接又個人的：等待某人痊癒，在臨終者床邊擔任照料者。不過也可以毋需面對面接觸，而仍然可以把時間當作禮物贈送的。在各種等待的化身中，最奇特的可能是當人們會選擇公開地耗時等候，作為對高人一等者的敬意奉獻。

例如在甘迺迪遇刺之後，遺體置於國會圓頂大廈以供瞻仰，有將近二十五萬人在寒冷天氣裡，在外面等候長達十小時。並沒有高層強制他們來此，他們也不會因此受到感謝，這些人只是選擇他們的時間，來奉獻給敬愛的領袖，就好像佛教徒在佛像腳下供奉水果一樣。有個參與者表態說：「我們本來打算在自家的廳房收看電視轉播，但是愈看就愈覺得應該做點什麼─有點什麼表示。」在時間就是金錢的社會裡，出於自願的等候，真的是很貴重的供奉品。

這是利用時間作為供奉品表達敬意的特殊例子。對另一個人而言，自願等候卻有不同的表達意義。例如波絲特（Emily Post）在她的《白宮禮節須知》裡提到：

當你獲邀到白宮作客，必須早在預訂時間的幾分鐘前到達。如果當總統進到客廳時，卻無人站在廳裡迎接，就再沒有比這種失禮更不可原諒的了。

表達敬意的模式，通常也強制了要先等候上級離去的規定。芬維克（Millicent Fenwick）的禮儀書中就表揚說：「白宮禮節的兩大基點便是：沒有客人會遲到；在總統和夫人離開並上樓以前，沒有客人會先離去。」

以時間為「奉獻品」之所以矚目，是因為它遠超出了任何有關利益或好處的解釋，又或者是供求定律─這是我們分析等候的開端部分。它的唯一目的只在於發出社會的信息，這是未經提煉的無聲語言，當話語不足表達時，便由它來代言。

規則之十：如果你真的要插隊，就到後面去插隊

通常那些要插隊的人，一定是到靠近隊尾處去插隊，免得引起麻煩。例如每年八月在墨爾本槌球場外，都有成千上萬個澳洲足球迷通宵排隊，希望買到僅餘的幾張入場券，去

看這場足球比賽盛會。心理學家曼恩（Leon Mann）及其同僚曾經在一九六〇年代研究過這些排隊狀況，他們很訝異地發現，插隊是隊尾處最常見的現象，而那裡也是買票機率最低微的。理由之一原來是因為隊尾秩序總是相當亂，在這裡排隊的後來者待在一起的時間較短，對彼此也較不熟，因此也沒有辦法認出誰是後來插隊的，而把對方趕走。

隊尾處比較多人插隊，還有一個原因是鮮有人抗議。米格蘭（Stanly Milgram）和同事曾經測試過插隊者的反映，包括在火車站售票窗口前、彩券投注站，以及紐約市內其他許多地點。他們發現，所有的反對抗議中，百分之七十三是來自於那些被插隊的人──他們獲票的機率因此會受到插隊者的影響。愈往後面插隊，那麼，所遇到的阻力也就愈少，插隊者就更能稱心如意。以此類推這些排隊動機，到更大規模的社會秩序，我們就會見到等待遊戲中的另一面，處於底層者就註定做輸家。

國際間的等待遊戲

一般人在自己國內時，儘管如何精通等候之道，但要在異國文化中玩弄如此巧妙複雜的遊戲，就相當棘手了。規則往往南轅北轍，猶如其國。

比方說英國人，向來很自豪於排隊極有秩序；而以色列人卻相反，很堅拒形成明顯的長龍。但是當曼恩在巴士站研究以色列人時，卻發現他們自有不成文的規矩，所以那些通勤者在巴士抵達後，幾乎是魚貫地上車。他觀察到，這種系統反映出以色列社會中的講究秩序、人人平等的本質，注重獨立和視情況需要而服務，但卻排斥標準化的嚴密管制。

等候的反應態度也因文化而異。比如有項研究指出，義大利人在排隊時，其特色較偏向於輕鬆地和人聊天，而且氣氛一般都很歡暢，與此相反的是美國人排隊時的反應，煩躁又沒耐性。另一項研究則發現，美國的天主教徒比清教徒更沒有耐性等候。

由於等候的規則通常並無明文界定，清楚表明，局外人也就往往會誤解其信息，最不可免的結局則是衝突。例如摩洛哥國王海珊（Hassan）就是眾所周知的遲到大王，由於缺乏守時觀念，終於招致外交關係受損。一九八一年，英國伊莉莎白女王去訪問他，國王卻讓她等了十五分鐘，女王可不覺得這很有趣。

在另一場合中，海珊是少數未出席查理王子和戴安娜王妃婚禮的王公貴族之一，由於他地位顯赫，因此不得不邀請他，但是請帖上卻含蓄提及盎格魯薩克遜人很重守時，希望皇上能準時來參加慶典。國王以充份理由回覆說，很可惜，由於有要事在身，無法前來出席婚禮。他把儲君王子就此擺平了。

摩洛哥人還是不懂為什麼英國人對國王缺乏守時觀念如此介懷。「國王永不可能讓女王或其他人等候的呀！」稍後其中一個這麼說：「因為國王就不可能是晚到的。」仔細聽聽言下之意，你就會聽出那無聲語言了。

第二部
時間與社會

不同的社會，對時間和健康與財富的關係，
有不同的解釋。

第六章

國家與城市之間的比較

在全球三十一個國家的比較中，瑞士的整體節奏最快，台灣排第十七，比新加坡和美國都快……

當一個人混跡於異國文化群落之中，就會被迫去做比較，把一種文化拿來和另一種相比，以及把你自己的生活方式和別人的相比。就以我個人的例子而言，這種比較總是集中在時間方面，在過去十年之中，佔據我所有心思的雙重心事，旅行和社會心理學，都逐漸集中在兩個疑問上：哪些文化群落的速度是最快的或最慢的？以及這種文化節奏對其民族的生活品質又有什麼樣的影響？我之所以對這些疑問感到興趣，是由於去探訪其他的文化群落而引起的；但是我卻透過很有系統的社會科學方式去探討答案。

要去比較不同的文化個性是件很微妙的事。把這些個體分門別類，也相當複雜：科學家要藉何種設想標準去把不同的民族整體歸類呢？若要以任何有條理的客觀程度去測量生活節奏速度，就必須摒棄道聽途說。我們得集中注意力去研究的情況，是那些不但可提供有關時間經驗的資料，而且在不同的文化群落中，也同樣具有心理上的意義。然而發展出這套測量準則，卻比我事先想像的更加困難。

舉例來說，有個我想到要研究的情況，是工作場所的速度指標。我需要找的工作行為是本身就具有按時行事的特色、易於觀察，而且即使跨文化也同樣具有意義；同時，我也要確定所測試對象是本土居民。有好一陣子，這項研究除了處處碰壁之外，一事無成。例如其中有個看似可行但卻行不通的，是去觀察代理機票的旅行社。我發現問題在於，那些工作者多來自於其他城市或鄉鎮，而並非來自工作所在地的背景。這就很難知道究竟他們的工作速度是反映了他們的家鄉準則？抑或他們目前身處的當地模式？或者只是這個航空業的文化特質？

另一個此路不通的例子，則是調查加油站員工的節奏速度。我體驗到，這個行業的問題在於各國的加油站並非相同；在印尼和巴西就和在美國及日本不同，加油站所針對的顧客群很不一樣，也吸引了很不同階層的員工。即使是在先進國家裡，可能也很難比較各服務站。記者賴恩高德（Edwin Reingold）從遠東回到美國時，曾經反映說：「美國所慣稱的服務站，服務員只坐在防彈玻璃後面，袖手旁觀，讓那個對油膩、氣味很重的輸油步驟全然不熟的新手自行加油。因此令我想起了東京典型的加油站；那裡有一群整潔、彬彬有禮、訓練有素的員工來照顧你的車，加滿油、洗乾淨，連輪胎都檢查過，然後脫帽致敬，大聲說謝謝，並且先攔住其他車輛，好讓顧客開車離去。」很顯然，以加油站為測試員工節奏速度所在，多少可以看出這個文化特質，卻比較看不出與時間有關的準則。

最後我們終於定出三種生活節奏速度的測試方法：（一）走路的速度——行人在鬧區行

走六十英呎距離的快慢速度；（二）工作速度——到郵局買張郵票的正常過程中，職員的手腳會有多快；（三）公共場所時鐘的準時程度。（這些實驗已於第一章裡有詳盡敘述）。我和我的學生都盡可能地研究觀察了許多國家，我還在其中少數幾個國家裡，親自主導過實驗；不過多數則是我任教大學裡的學生到國外旅行，或放暑假回到家鄉時，因為對此研究感興趣而主動協助蒐集資料。合計下來，我們總共蒐集到全球三十一個國家的資料，其中至少包括有該國最大之一的城市。

三十一個國家的比較

日本和西歐國家是所有國家之中速度最快的，名列前茅的九個最快速國家裡，有八個是西歐國家，日本是唯一儕身其中的。

瑞士很明顯地拔了頭籌，這是基於全面性的評估而定的：行人走路速度排名第三，郵局工作速度排第二，以及（我得說是非常偉大的發現）時鐘準時程度排名第一：瑞士銀行裡的時鐘最多平均只有十九秒誤差。愛爾蘭總排名第二，在三十一個國家中，走路速度是最快的。（當我把這個結果向一位瑞典同事顯示時，他先是搖頭，然後問道：「小都柏林會是速度最快的？」過了一會兒又笑著：「當然啦！那種該死的寒冷讓他們走得比誰都快。」）德國緊接其後，佔總排名的第三位。

日本是不相上下地佔了第四位，前三名的國家其實也只是以些微之差佔上風而已——如果在某些地方差上幾秒，日本就可能獨佔鰲頭了。事實上，也有充份的證據顯示日本才應

國家	整體生活	步伐速度	郵政時間	鐘錶準確性
瑞士	1	3	2	1
愛爾蘭	2	1	3	11
德國	3	5	1	8
日本	4	7	4	6
義大利	5	10	12	2
英國	6	4	9	13
瑞典	7	13	5	7
奧地利	8	23	8	3
荷蘭	9	2	14	25
香港	10	14	6	14
法國	11	8	18	10
波蘭	12	12	15	8
哥斯大黎加	13	16	10	15
台灣	14	18	7	21
新加坡	15	25	11	4
美國	16	6	23	20
加拿大	17	11	21	22
南韓	18	20	20	16
匈牙利	19	19	19	18
捷克	20	21	17	23
希臘	21	14	13	29
肯雅	22	9	30	24
中國	23	24	25	12
保加利亞	24	27	22	17
羅馬尼亞	25	30	29	5
約旦	26	28	27	19
敘利亞	27	29	28	27
薩爾瓦多	28	22	16	31
巴西	29	31	24	28
印尼	30	26	26	30
墨西哥	31	17	31	26

該是速度最快的國家。就以測試郵局的工作速度來說，日本人屈居第四，可是除了在日本之外，我們的實驗者還能在何處遇到像日本郵局職員那樣，有時幫你用小袋包裝郵票，或者不用你開口要求，就自動寫張收據給你？我們也試著在做總結時，把這些額外所花的工作時間做一校正，但是否能真的因為這些郵局職員以相當快的速度，提供這些上等服務，而予以應有的稱讚呢？法蘭克福的郵局職員可能更快了幾秒，但卻很難令人想像顧客在出郵局時，會感到彷彿是剛去過第凡納珠寶店裡買完東西。再比比中國，又該怎麼說？有個實驗者還在那裡被幾個職員嘲笑不已，顯然他們當他是神經病，因為他拿張紙條去跟他們溝通。還有在印度時，我們不得不放棄實驗，因為多數的郵局職員都不認為他們有責任找零錢。

紐約又怎樣呢？在郵政總局裡（即郵遞區號碼為10001的大牌郵局），有個職員把我那張紙條高舉到頭部之上，然後很慢、很大聲地宣讀，唸給排在我後面的隊伍以及大半個曼哈頓的人聽：「你…是…要…告…訴…我，你…要…買…張…爛…郵…票，而且…是…用…五…塊（講得更慢、更大聲了，她那朗讀的調調聽來像是西班牙波蕾露舞曲配樂）…錢…鈔…票？」稍息一會兒，在她反應過那張紙條和我這人帶來的雙重麻煩之後，又調整好音量，再加高了幾分貝，公告天下：「天哪！我恨透了這個城市。」這不但是我身為研究者生平最尷尬的一刻，她的演講也嚇得我把測試她工作時間的事全丟在腦後了。（據報告，調查實驗者僅在紐約和布達佩斯這兩個城市受過職員羞辱。）

究竟是日本還是瑞士才更配贏得速度金牌，仍然有待爭議，但無疑最矚目的發現，還是速度名列前茅者都是西歐國家：九個被測試過的西歐國家中，有八個（瑞士、愛爾蘭、德國、義大利、英國、瑞典、奧地利和荷蘭）都比除了日本以外任何其他國家的速度都快。唯一「落榜」的西歐國家是法國，所以使得香港（本來就工作勤奮，當然不會慢吞吞的）凌駕於其上，而且連這個小小的馬前失手，可能還是因為一項罕有的環境突變引起的：在巴黎做測試的時候，正好碰上歷年來少有的盛夏酷暑。

在研究調查開始之前，我有些同事曾經預測，必然最少有一個經濟起飛的亞洲國家會名列前茅。備受推崇的香港中文大學跨文化心理學家邦德（Michael Bond），堅信他的家園文化會擊敗其他對手國：「這裡（香港）的生活速度節奏，」他向《時代》雜誌記者宣稱：「比全世界任何地方都快得多。」在邦德和他的學生們協助之下，我們得以在香港蒐集到幾項相當可靠的研究資料。可是，唉！香港不但在這三項測試上落於日本之後，而且也差不多讓所有的西歐國家都趕過了。然而，香港還是比其他三個工業化的亞洲國家——台灣、新加坡、南韓——的速度略快，這三者分別排名第十四、十五和十八。

美國則以紐約為測試代表，紐約是典型的開快車之城，卻出乎意外地慢到位於總排名的第十六位。事實上，我們對於紐約竟然如此慢速感到很訝異，為了可靠起見，又再派出第二位實驗者去蒐集一系列觀察資料；結果和第一次所得到的幾乎完全吻合。紐約人在走路速度上的確快到排名第六，但郵政速度排第二十三，而時鐘準時度則為第二十。

當然，標準速度測試未必是唯一適合測量紐約人生活節奏的法則，在紐約街頭必然會遇到的技倆和橫衝直撞，不見得在跑錶上看得出來；然而東京的行人通常就規矩得多，拘於小節、守時，甚至逆來順受很聽話，紐約人則可視為無政府主義的研究對象。社會學家威廉·懷特（William Whyte）將其大半生涯都用在觀察研究大城市裡的行人行為。他就曾指出，紐約人彼此互相蓄意挑釁、闖紅燈，是「無藥可救的不守交通規則的人」，在汽車間鑽來鑽去，霸道地威脅其他車輛，好像在表示：「讓路給我，要不就有本事殺了我。」（很不幸，駕駛者也的確以行動配合了這種蠻幹心理，僅以一九九四年為例，就共有一二、七三〇個紐約行人被汽車撞到──大約平均每四十四分鐘就發生一宗，這些行人之中，有兩百四十九名死亡）。所以，他們要是比東京人慢上幾十秒的話，又會如何呢？忠貞份子大概會辯稱，紐約人真正的速度是表現在微妙之處，就以懷特為例，他就有這樣的結論：「我可能有點井底蛙之見，但我認為，所有各地的行人之中，紐約行人是最好的。」或許事實上，我們的評定確實低估了美國各大城市裡的人所體驗的生活節奏速度。我很快就會為這場爭辯再火上添油。

生活節奏最慢的地方

列於榜尾的慢速國家，有幾項令人感到訝異之處。排名最後的八個，全都由非工業國家包辦了，這些國家分屬於非洲、亞洲、中東和拉丁美洲。其中最慢的幾個國家，也就是「明天再說」、橡皮時間觀、「明天又明天」等觀念的偉大搖籃：巴西，緊接著是印尼，排名最後的是墨西哥。

在這些國家裡，慢吞吞的習慣已深入日常生活中每一部分。根據我們在巴西所做的時間調查結果，我和同事們發現：巴西人不但以悠然自得的態度來處理時間，而且也完全放棄忠於時鐘的假象。舉例來說，姪兒的慶生會上，如果有人遲到晚來，他們會等這人多久時間？當巴西人被問及時，他們所說的時間平均是一百二十九分鐘。超過兩小時！我的親友之中，慶生會通常全部過程只維持兩個鐘頭，先別提錯過慶生會開場部分，家長要是在預定時間開始後的一百二十九分鐘才到的話，這已經是晚了九分鐘來接孩子回家──這對主人家的家長而言，是相當嚴重的疏忽時間表現。巴西人對於早到的人也同樣地不當一回事：同一個慶生會上，若有人早到，他們平均容許的早到時間為四十四分鐘，而在美國接受調查訪問的人則把底線定在二十六分鐘。

至於午餐約會，巴西人說他們平均會等上六十二分鐘，跟美國比較起來，美國人卻很少為午餐花一個小時以上的時間，至少在上班的日子裡，典型的美國人得在遲到的巴西人剛準備開始吃飯「之前」兩分鐘，回到辦公室去上班。

事實上，巴西的中午這一餐是件很悠閒的事，例如我在那裡逗留的期間，常在一個巴西朋友的家裡吃中飯，他那時是我任教大學的副校長。有時在中午到十二點半之間，這位穿著很正式以配合其重要人物形像的朋友，會衝進家門，直奔他的臥房，而後很快又以短褲、T恤的打扮出現，突然變得輕鬆而笑容滿面，或看起來輕鬆又笑容滿面。我們會一起分享時間拖得很長的盛餐，喝點餐酒或啤酒，聊聊天，跟孩子玩玩或看電視，一直耗到開始打呵欠，然後我們各人便分別回到房間裡，去飽睡一場午覺。三點鐘左右──當然，是或多或少──我朋友會從他的房間出來，又恢復了那身副校長的打扮，像先前般地很快地變了臉，又繼續奔往大學再上幾小時的班。這就是巴西「午間小休」(siesta) 的豪華之處。

巴西人戴手錶的也比美國人少，而且他們所戴的手錶也沒那麼準確。這種手錶不準確和根本不戴手錶的普遍情況，也是慢吞吞文化裡的部分。巴西人的遲到藉口之中，我最喜歡的一個是：「是鐘錶讓我遲到了。」——意思是說，他們所以會延誤，是由於手錶慢了或鬧鐘不準。

在巴西，一個人就算有個一流的手錶，也很難守時。最起碼，很少人擁有汽車，而公共交通工具又很靠不住，我就遇過不止一次，巴士司機把車丟在半路上，自己跑掉。有一回，他在十幾分鐘之後才重新出現，邊吃著最後一口三明治，邊謝謝我們大家耐心等候。另一個司機則曾以「一會兒」為由，然後十五分鐘左右才帶著他買的雜貨回來。在這兩次事件中，看起來好像只有我是唯一失掉信心的人。「別著急，鮑伯」我的同伴會這樣跟我說，在逗留巴西期間，很多其他我所經歷的處境中，他們也都這樣說。在這樣的情況下，人人都被迫慢慢來，要不然就會抓狂，所以不用講，當然會慢吞吞的。

有很多接受我們測試的巴西人，根本完全脫離鐘錶時間。我向一位不戴手錶的男士問時間，他正眼看著我，而且很自豪地——事實上是有點屈尊賜恩似的——宣布說是「兩點十四分整」，而他講的時間其實已差了三個多小時。比較一下我在加州的一個學生，當我問同樣的問題他怎麼回答。他先瞄瞄手錶，然後答道：「三點十二分又十八秒。」

名列最後的墨西哥，比較看鐘辦事的人可能反而會讓人討厭。我同事亞基拉 (Sergio Aguilar-Gaxiola) 擁有兩個學位，包括醫學博士和臨床心理學博士，是在墨西哥長大的，但是他把在墨西哥和美國的專業生涯劃分開來。「如果有人邀請你在特定時間去參加派對，」亞基拉指出：「你該心照不宣地晚點到。要是你在預訂的時間就出現─分秒不差─你可能會碰上主人家正在準備布置或穿衣打扮。在墨西哥文化裡，這些跟守時有關的規矩扮演了很重要的腳色。」

慢吞吞的特性根深蒂固地深存於墨西哥文化中，以致於信守鐘錶的人反倒會因此招辱。「在墨西哥，」亞基拉說：「在墨西哥，不論何事，都已經預期人家會晚到，如果開會或聚會是定在十一點鐘，那麼心照不宣的墨西哥時間就是十一點十五、十一點半，或甚至是十二點鐘，視情況而定。要是你十一點鐘就到，不但只會見到你自己一個而已，而且還會為了準時感到相當尷尬。遲到的人─或者他們才是準時到的人，這就要看是按墨西哥時間還是美式時間的標準衡量了─往往會揶揄準十一點鐘就到的人。有句糗人的話『Llegaste a barrer?』，大意是說『你是跟清潔工一起到的?』，這話是用來嘲諷早到的人，是很厲害的低貶。事實上，就算我在美國，還是要努力在腦子裡重新為約會定時，把墨西哥時間和美式分秒不差地到達的時間區分開來，因為我生怕走進了趾高氣昂的『你是跟清潔人員一起到的?』奚落嘲弄裡。」

有些未能顯示在蒐集資料上的東西，也更道出了名單上這些陣營慢吞吞特色所在。例如排名第二的慢吞吞國家印尼，我第一次到雅加達中央郵局去問在哪裡排隊買郵票時，結果被指引到郵局門外，去向成群坐在那裡的小販買郵票，他們每個人都向我吆喝招攬生意：「嗨!這有好郵票，先生!」「最好的郵票在這裡!」較小的城市例如索羅（Solo），我在星期五的下午去到當地的郵政總局時，卻發現正在進行一場排球賽，人家告訴我，營業時間已過。再下一個星期一回到那裡，職員卻對討論美國的親戚更感興趣：我願不願意見見他那位在辛辛納堤的叔叔？我比較喜歡哪個地方：加州還是美國？我身後有五個人則都很耐心地在排隊，使我訝異的是，不但沒有埋怨，而且他們還開始傾聽起我們的對話來。所以，我們不但發現印尼人動作慢吞吞，而且因為實驗的不規則性，我們還得花更多額外的麻煩，以及乘坐摩拖計程車或三輪車到處去。以上這還是花了比在其他國家更長的時間才發現的。

「啊！去年悠悠緩步慢行者，而今安在？」米蘭・昆德拉在他的小說《緩慢》（Slowness）裡如此問道。看起來很可以說，他所問到的這些慢吞吞的人，有很多是在雅加達、里約熱內盧和墨西哥市的街上。

比較西歐、日本和美國

幾年以前，《紐約時報》的記者亞倫・賴丁（Alan Riding）把美國和日本那些身不由己的工作狂，和歐洲那種閒於安逸生活樂趣的悠然自在對比，副標題是：「為什麼歐洲人能自在地享受逸樂生活⋯而日本卻要更加刻意努力，才能讓自己輕鬆一下？」賴丁有此一問：「為何歐洲人能閒坐整天喝咖啡，把漫長的夜晚花在晚餐上，穿著高雅大方，很晚才起床，度長假⋯總而言之，為何歐洲人的日子過得比美國人好得多？」

我們如何用以上這個眾所周知的定型形像來解釋實驗的結果呢？我們是不是該由蒐

集的資料而歸納出：西歐的甜蜜逸樂人生（la dolce vita）之夢已成過去，日本人和西歐人成為世上筋疲力盡、最趕時間的A型行為新人類（註：特徵為有高度進取心及緊迫感，性情急躁，凡事認真求全，易引發冠心症），而美國則終於學會了放輕鬆些？要回答以上疑問，可能再超越過那三項速度測試，才能有所幫助，因為這三項都是針對工作生活節奏速度層面而設定的。至於這種節奏速度的持續性有多久？一般人的非工作時間有多長？他們是否很享受假期？如何平衡辛苦的工作和休閒？這才是西歐一直和美國與最明顯分歧之處，較之日本則更甚。

首先，在多數西歐國家的一週工作時數平均較美國短，但兩者都比日本短。最近有項評估顯示：年度有薪工作時數平均比較，日本為二、一五九小時，美國為一、九五七小時，法國為一、六四六小時，而以前的西德則為一、六三八小時。換句話說，日本的工作者較美國的對手平均多了二〇二小時，比起西德則多了五一一小時。以每週四十個工作小時為準來算的話，上述數字表示：日本的有薪階級在工作上所花時間比美國的同仁多了五個多星期，比法國和西德的工作者則多了十二個半星期，三個月以上！從另一方面來看，只有百分之二十七的日本勞工是被限制少到每週只工作五天，每週工作四十小時，而美國則為八五・一%，法國為九一・七%。

甜蜜人生的發源地義大利就是很好的例子，羅馬的郵局工作人員在我們的測試榜上名列第十二，令我大感驚訝。畢竟，這個國家的郵政系統是出了名的糟糕，以致於不久之前，還有引人注意的報導：一車車來自羅馬的卡車，把舊郵件運到空曠之地當垃圾掩埋。然而，更細究的話，卻有證據顯示，我們所測試過的這大批羅馬人，並不見得就可代表遊刃有餘的工作時代已來臨。有項最新由官方機構「山西斯基金會」發表的報告便特別指出，各機構如郵局的等候和延誤情況愈來愈多。我們蒐集的資料只是指出：在義大利，櫃台窗口後面的辦事速度正在加快中，資料可沒道出要等多久才能到達窗口前。也許想到義大利的郵局每天只營業五個鐘頭時，就會覺得這種辦事速度加快但等候時間很長的交錯情形，也是講得通了。

歐洲的休閒日數在拉大

值得注意的，是西歐國家和其他先進國家之間的工作時數差異。直到一九四〇年代之前，歐洲和美國的平均工作時數，是一前一後地不斷下降，歷時將近一世紀之久。在美國，就和在歐洲一樣，縮短工作時數自始就一直是勞工運動的中心議題；工作時間問題曾經是美國勞工「覺醒的起因」。「八小時用來工作，八小時用來睡眠，八小時任由我們運用」，這是十九世紀末、二十世紀初工會主義者的呼喚。勞工運動史上許多最戲劇化和最具代表性的事件，舉例來說，一八八六年芝加哥秣市（Haymarket）騷亂的大罷工，以及一九一九的鋼鐵業罷工，都是跟工作日的長短有關。起初，連僱主也支持較短的工作時數倒不是出於什麼特別的理想，而是他們認為工作過度和疲勞會產生反效果；而安全、健康、休息以及天倫樂才是長期有回收的。因此結果，在十九世紀的後半世紀期間，美國的工作時數逐漸穩趨減少，而最矚目的減時，從每日十小時變成八小時一天，則是在二十世紀的頭二十年之間達成的。然後每週平均工作日也由六天減為五天，而成為每週四十小時。

有段時期，美國的工作時間看來似乎仍有不斷再減少之勢，例如一九三〇年，在經濟蕭條最低迷時期，有經濟先見之明的家樂氏（W.K.Kellogg，也是早餐玉米片的品牌）便宣布一項革命性的實驗：他那座龐大無比、位於激戰溪（Battle Creek）的工廠，幾乎每個員工都可將每天工作時間縮短為六小時，而縮時工作條件則是略為減薪而已，因為家樂氏相信努力工作可取代長時間的工作。勞工歷史學家亨尼克（Benjamin Hunnicutt）在其著作《家樂氏的每日六小時》（Kellogg's Six Hour Day）便引證此事，稱此項計劃果然立即奏效，而且廣受傳媒界、商界、勞工領袖以及胡佛總統本人的讚揚。有一份商業雜誌的封面稱之為「繼福特（Ford）宣告他的『每日五元政策』以來，最重大的工業新聞」，種種反應使之成為典範。

將近二十年中，幾乎從任何尺度來看，家樂氏的點子都很靈光。員工很珍惜額外擁有的時間，尤其是女性，報告說她們很樂得享有這些多出來的鐘頭，用來從事各種活動如園藝、縫紉、製造罐頭、照顧家人，以及守望相助的睦鄰工作。家樂氏也同樣對於結果感到高興，他說，由於工作時間表減縮，各項費用如「開支省了二五%⋯員工薪金支出省了一〇%⋯意外減少了四一%⋯（因每宗意外而減少的工作日）增長五一%⋯（以及）較一九二九年，家樂氏廠工作多了三九%的人工作」。家樂氏因此斷言：「由於每週工作日縮短，所以我們雇員的效率和士氣才如此大增，而意外事件和保險費也大有改善，產品成本因而變得很低，以致我們可以用以前所付八小時的薪金，來支付現在六小時的工作。」

但在一個被工作迷了心竅的國家裡，家樂氏浪漫詩情的實驗終於還是面臨末日。第二次世界大戰之後，經營管理所認同的看法，誠如一位以前家樂氏的員工所靜觀的心得：「只有白癡才會認為你能少做而多得，而非每週工作更多小時。」戰爭一完，家樂氏公司便推廣一項新的政策，高薪與較高的生產力掛鉤。由於戰後舉國消費繁榮，勞工莫不希望藉此賺錢，便要求起每日工作八小時，甚至連工會也力爭恢復每天工作八小時。在這種全國性心態的深遠反映之下，家樂氏的員工、管理階層以及工會，都開始輕忽起休閒的觀念來。不工作的時間是「浪費的」、「迷失的」、「愚昧的」。工作時數較短成了女性化的事，「工作六小時是為女人而設的，」有位工人回憶說。那些仍然持有工作六小時舊有標準的人是「娘娘腔」、「懶惰」或者乾脆是「不可思議」。在整個一九五〇和一九六〇年代期間，家樂氏的員工按部就班地改為每日工作八小時。到了一九八五年，少數仍然存留的老一輩之中，四分之三以上是婦女，也都讓步屈服了。這項重大事件卻沒怎麼出現在媒體報導上。

就美國總體而言，其平均每週工作日已有半個多世紀沒有改變過，事實上，有很多專家都認為休閒時間倒是真的一直在減少。例如史學家修爾（Juliet Schor）在她那本流傳甚廣的著作《工作過度的美國人：不期而衰的消閒》（The Overworked American: The Unexpected Decline of Leisure）中，振振有詞地聲稱，一般美國人比起二十年前，給自己的時間已少了很多，損失閒暇並非意外，修爾提出證據，指出美國的工會對於工作時數的問題很少注意，而更偏於把他們的精神都花在薪金和工作安全的議題上。

另一方面，歐洲卻從未鬆懈過逐漸縮短工作時數。在這方面，歐洲勞工組織不像美國的，在整個戰後時期，他們總是把縮短工作時數列為議程的首要議題。當發生經濟危機時，工人曾因為工作時間要延長，而抗爭此種壓力。例如在德國，一九八〇年代曾發生一連串很艱苦的罷工，終而使得德國大工會的成員贏得了每週工作三十五小時的合約。可以預期這種準則將會遍及所有德國勞工勢力。

法國的工作者，那裡把工作視為很煩人的，如果必要的話，可說是人生的干擾，更力爭寬鬆的合約。一九九六年，法國貨車司機以一連串令全國苦不堪言的罷工攪得亂七八糟之後，政府當局讓步，同意把他們的退休年齡降到五十五歲（在歌劇團擔任舞者和樂師的人，退休年齡則提早到四十五歲）。把上述議題解決之後，工會而今又把注意力集中在工作日的長短上了。就在我寫到這段話的時候，時值一九九七年一月，有六個公共交通工會發起了新的罷工行動，要求改為每週工作三十二小時，而且薪水不得因此減少。所以，在將近百年的時間裡，大家雖然都同時在進行減時的呼籲，但美國的每週工作日保持不變，或許還更增加了，而過去半個多世紀以來，歐洲卻仍堅持不斷地進行甜蜜的減時工作。

西歐在假期時間方面也大幅領先美國和日本。例如法國，依法規定，工作者每年可有五星期而通常都是六星期的有薪假期。事實上，歐洲各國都有集體討價還價的協議，以保證最少可有多長的有薪假期，假期長短從四週到五週半不等。多數情況下，這些有薪假期可長達六星期，瑞典更是可長達八週。放這麼大方的假期也是另有目的，以法國為例，這是官方制定的全國性政策，讓婦女可有二十二星期的有薪產假，而後還可留職停薪一年。在北歐，由於加強生活的心理品質一直是官方及人民的焦點所在，社會福利情況就顧及得更深遠，比如像在瑞典，初為人父母者合共可有十二個月的假，幾乎付全薪，然後再有三個月的減薪假。瑞典的家長每年還可有六十天假（某些個案則可有一百二十天）用來照顧生病的兒女，薪水則打八折。

守喪時間也縮短

另一方面來說，在美國多數工作者的假期仍然限於傳統的兩星期——這是說，如果他們運氣好到可以避免簽季約的話。如果是以每季來計算的工作合約，他們可能根本就沒有有薪假期可言。哈里斯的民意調查顯示，美國人在過去二十年以來，休閒時間已經減少了百分之三十七。

在上個世紀中，美國甚至連守喪的時間也縮短了。一九二七年，波斯特（Emily Post，譯註：美國作家、專欄作者、以有關禮儀評論文章著稱）所規範的寡婦守喪期按禮應為三年。到了一九五〇年，守喪期已縮短為三個月，一九七二年，范德華（Amy Vanderbilt）勸諭把守喪「當作，或盡量當作是尋常的社交做法，在葬禮之後一個星期或左右便告結束」。社會學家普瑞特（Lois Pratt）對於美國商界企業的守喪制度做了一項研究，發現如今大多數公司都正式把喪假訂為三天左右，雇員應該在這三天內完成悲悼，然後像平常一樣回到生意上。有時候這些關於守喪期的準則還界定得一清二楚，例如以週末喪親的情況來說，美國管理協會就曾草擬過下列這樣的規定：「如果逝世是在週末發生，雇員通常應該是在一般舉行葬禮的時間之後，也就是緊接著的星期二，回去上班」。

日本的假期時間比美國的還短，儘管在日本的有薪假期平均為每年三個星期左右，相當不錯，日本勞働省卻報告說，真正運用到的假期只有一半。以一九九〇年來說，平均有一五・五天的有薪假期，而用掉的假期只有八・二天。

根據一九八九年歐洲晴雨民意調查（Eurobarometer Survey）顯示，證實了歐洲人果然更能舒適地擁有生活時間。接受這項調查的測試者，分別來自歐盟十二國，都被問到「你是否滿意自己有時間去做必須要做的事」。平均十二國的測試者，有八三・四％的人回答說他們覺得「很滿意」或「相當好」。至於甜蜜逸樂的人生呢？顯然，這本來是在西歐起源的，而西歐的工作者不但已經掌握了速度的藝術和工作的生產力，似乎也做到了至少在閒暇時仍保留住部分美好人生的殘餘。

類似的調查問題在日本和美國所得到的答案，卻勾畫出全然不同的形像。一九九二年，在美國由國家文娛及公園協會所做的民意調查發現，三分之一以上（三十八％）的美國人抱怨說他們「總是感到急迫」。這些長期感到急迫的百分比人數，已經由一九七一年的百分之二十二，明顯上升至一九八五年的三十二％，這項調查報告是由羅彬森（John Robinson）所主持的「美國人運用時間計劃」得出的結果。其他的民意調查則突顯出多數美國工作者渴望閒暇的程度。一九九一年，由希爾頓旅館企業所主導，有關時間價值的全國民意調查顯示，有三分之二的調查對象都說他們願接受減薪，而用以換取較多的不上班時間。（這些佔了三分之二的人數，不分性別、年齡、教育背景、經濟狀況、有多少名兒女。）雖然最近另一項調查資料則顯示，美國人那種飽受時間壓迫感終於可獲舒解，然而，很明顯的，美國的工作者覺得他們把太多時間投到工作上去了，得不償失；可是從另一方面來看，從我們那項節奏速度實驗資料，也帶出了這個疑問：到底在這些工作時數裡，完成了多少工作量？

在日本，人們對於閒暇的評估就更含糊了。一九九一年，由《每日新聞》主導的一項民意調查，提出此問：「你在日常生活中感到時間緊迫嗎？到什麼程度？」調查對象總共有七〇％說他們「多少有點」（四四％）或「感到很強」（二六％）的時間壓力，這項統計數字幾乎男女性完全相同。一九八九年由《讀賣新聞》主持的民意調查結果，只有一二％的日本人說他們至少對於休閒時間是感到相當滿意的，可是在同一項調查中，只有二四％的人說休閒時間在他們的總體生活滿意度中佔了特別重要的地位，這個題目回頭我還會再談到。

美國三十六個城市的生活節奏速度

文化差異最鮮明可見的例子，顯然是見諸於各國互作比較的時候。但在同一個國家內，各城市和地區也會有很大的不同，這點在美國絕對千真萬確。表面上看來，美國的各地區好像都是同根生的：大多數人都講同一種語言，而且幾乎人人都共享大規模通訊系統的便利。但在紐約市土生土長的人如果遷移到深入南方的地區，或者中西部人搬家到洛杉磯去，就最好做好心理準備，面對高度文化衝擊的高壓震撼。

即使是短程的地理遷移，也可能有很深刻的影響。當作家茉莉絲（Jan Morris）從奧克拉荷馬搬到德州時，她感到：

好比說，是從瑞士進到了法國，從我渡過奧克拉荷馬外的紅河開始，德州的風土民情就對我發動攻擊了，簡直像是恐外症發作，而我則好像是進到了另一種感受、另一種歷史體驗、另一系列的價值，或許該這麼說。

美國各城市之間，在生活節奏上是否存在著很明顯的差別呢？紐約人是否名符其實生活在快道上？加州人是不是真的比其他地方的美國人更懶散悠閒？哪些是最快速的地方，哪些又是最慢吞吞之處？

為了找出答案，我和學生分別在全美三十六個城市蒐集了四項測試資料，我們特別選定這些城市，以作為全國各大都會區的抽樣代表，包括了全美國按人口劃分的四大區——東北部、中西部、南部和西部——我們研究過三個大型都會地區（人口超過一百八十萬以上），三個中型都會區（人口在八十五萬到一百三十萬之間），以及三個較小型的城市（人口在三十五萬到五十六萬之間）。

我們這項關於生活節奏速度的測試，是那些在三十一個家所做測試的變化版本。首先，我們還是為行人的走路速度計時，在商業時段之內的鬧區進行測試，以單獨行走六十英呎距離為準。其次，要找工作速度的指數，我們拿銀行職員為對象，以兩種兌換貨幣方式去測試：其一是把一堆零錢換成兩張二十元鈔票，或者把兩張二十元鈔票換成零錢（這樣可以交替要求兌換零錢，免得實驗者要在口袋裡帶一大堆錢到處跑來跑去），第三，在測試人們對鐘錶時間的著意程度，我們在商業時段內的鬧區隨意挑選戴手錶男性或女性，計算出他們所佔比例。在多數情況下，調查對象是穿短袖的，比較容易看到是否有戴錶，遇到穿長袖的人，就上前去向他們問時間。我們也加上了第四項生活節奏速度的測試—講話速度，在每個城市裡問郵局職員統一的標準問題—解釋平郵、保證郵件（註：類似掛號，但無保值理賠）、掛號郵件的不同，並把對方的回答錄音，稍後，研究助理就會倒帶重聽錄音，並且計算「說話速率」，把所發出的音節數字除以回答所用的時間，用這方法算出速率。

快速的東北部

大致而言，我們的調查結果證實了普遍印象無誤：美國東北部地區節奏速度快，而西部（或者更正確地說，是加州，九個西部城市有八個都在加州）則較悠閒。前三名最快速的城市，以及九個最快速城市中的七個，都在東北部地區，東北部的人一般走路都比較快，找換零錢也較快、講話較快，而且也比其他地方的美國人更注重戴手錶。

波士頓險勝水牛城，名列榜首。紐約，在研究之前大為看好，緊接著成為第三名，不過在蒐集資料期間，適逢紐約當地有很多節慶活動，紐約人可能因而應該少算幾十秒做為補償。墨菲（Walter Murphy）負責在紐約收集走路速度資料，他報告說，就在他正在為行人走路速度計時的當兒，突然冒出了個即興音樂會，搞到他只好停工。之後，他換了個新的地點，卻又碰上了有人想扒他的錢包，接著又有人意圖從背後襲擊搶劫而未果。這一切過程都發生在一個半小時之內，紐約的行人就是以他們的橫衝直撞、馬戲團般的技術，步

	總體節奏	步行速度	銀行速度	講話速度	配戴手錶的人
波士頓，麻省	1	2	6	6	2
水牛城，紐約	2	5	7	15	4
紐約市，紐約	3	11	11	28	1
鹽湖城，猶他州	4	4	16	12	11
哥倫布，俄亥俄	5	22	17	1	19
烏斯特，麻省	6	9	22	6	6
普羅維斯登，羅德島	7	7	9	9	19
春田市，麻省	8	1	15	20	7
羅契斯特，紐約	9	20	2	26	7
堪薩斯市，堪薩斯州	10	6	3	15	32
聖路易市，堪薩斯州	11	15	20	9	15
休士頓，德州	12	10	8	21	19
帕特遜，紐澤西	13	17	4	11	31
貝克斯維爾，加州	14	28	13	5	17
亞特蘭大，喬治亞州	15	3	27	2	36
底特律，密西根州	16	21	12	34	2
青年鎮，俄亥俄州	17	13	18	3	30
印地安那玻里斯，印州	18	18	23	8	24
芝加哥，伊利諾州	19	12	31	3	27
費城，賓州	20	30	5	22	11
路易斯維爾，肯塔基州	21	16	21	29	15
坎呑，俄亥俄州	22	23	14	26	15
諾克斯維爾，田納西州	23	25	24	30	11
舊金山，加州	24	19	35	26	5
查塔諾加，田納西州	25	35	1	32	24
達拉斯，德州	26	26	28	15	28
奧克斯納，加州	27	30	30	23	7
納許維爾，田納西州	28	8	26	24	33
聖地牙哥，加州	29	27	34	18	9
蘭欣，密西根州	30	14	33	12	34
凡斯諾，加州	31	36	25	17	19
孟斐斯，田納西州	32	34	10	19	34
聖荷西，加州	33	29	29	30	22
薛瑞維堡，路易斯安那州	34	32	19	33	28
沙加緬度，加州	35	33	32	36	26
洛杉磯，加州	36	24	36	35	13

步為營地闖過這一切，可是卻沒能把這些本事算進總分裡。

加州的城市一般的節奏速度是最慢的，這特別要歸咎於慢吞吞的行人和銀行出納員。速度時間最慢的一個，屬於美國的陽光、歡樂、以及懶散悠閒生活的象徵：洛杉磯。洛杉磯的走路速度排名第二十四，講話速度是倒數第二名，而銀行出納的兌換速度，就遠遠地落在其他我們研究的每個城市之後。他們對鐘錶的唯一認可，實際上就是佩戴手錶——此城戴手錶人之多，名列第十三位。加州人對時間悠閒自得的態度，也表現在其他方面。在多數的加州城市裡，如果你想知道正確時間而撥號到報時台，報時台電話號碼拼出的字是：「爆—米—花」，相形之下，在名列榜首的波士頓，報時台號碼，拼出的字則是：「好—緊—張」。

對我們的實驗者而言，在西岸（洛杉磯以及我家所在地凡斯諾便是最佳例子）所遇到的最大問題，便是走路速度的測試實驗，因為我們苦於很難找到行人。這些郊區城市的行人交通好像都僅限於停車場地和購物商場，這兩者都跟我們在其他城市所研究過的主要商業中心區不能相提並論。而且鬧區若有人走上個六十呎遠的話（我的確如此希望），這些人往往也不足以代表郊區的人口：因為他們是些無家可歸者、無業遊民，以及偷汽車財物的竊賊。我們見到慢跑者、騎單車的人、滑輪溜冰者，甚至還有幾個玩老派滑板的人，可是觀察到的行人，都很少走到超過他們停車位的地方。這類城市大部分地方的真正公共通道是高速公路，當蒂迪昂（Joan Didion）觀察到高速公路才是洛杉磯唯一與世往來的途徑時，雖不中亦不遠矣。過了一段時間之後，我們終於設法在鬧區各處地點，採足了最起碼數量的行人例證，但我得承認，有好幾次在節骨眼上，我已經忍不住想乾脆到當地的健身中心去，為那些在跑步帶上練跑的人計時速算了。

這些城市之間的差異有多大呢？往往前一名和後一名的差距並不是很大，然而和排在最後面的那些比較起來，就可看出那些人的獨豎一幟了。就拿走路速度來說，速度最快的行人——是在春田市（一一・一秒）和波士頓（一一・三秒）——走六十英呎距離的平均秒數比恰坦努嘉（一四・六秒）和凡斯諾（一四・七秒）的人快了三・五秒。換句話說，如果他們在足球場上步行的話，從麻省來的隊伍在差不多的時間裡，應該正越過球門線，而加州對手則仍還在二十五碼之外。

講話速度的差異就更大了，言語最快的郵局職員在俄亥俄州的哥倫布市（每秒三・九音節），比起他們在沙加緬度同行（二・九音節）以及洛杉磯的同行（二・八音節），平均每秒多發出了百分之四十左右的音節。要是讓他們來唸六點鐘的新聞，加州的工作者得唸到將近七點二十五分才唸完，而俄亥俄的工作者在七點整就唸完了。

按地區來鑑別的話，總體速度最快者為東北部，接著是中西部、南部和西部。這點很符合事前的預測，無疑地，東部和西部的差異證實的眾所周知的刻板形象果然不虛。當格里利（Horae Greeley，譯註：1811-1872，美國《紐約論壇報》創刊人）建議年輕人到西部去時，他想的是歷險和經濟上的良機，但我所認識的大部分移居過去的東部人，都是為了尋求比較沒那麼抓狂、而更可以自行安排的生活。我很喜歡觀看到凡斯諾來拜訪我的紐約客的反應，有些人對我所發現的美好生活感到很難忘，而其他的則認為我該去看看神經科醫生。很典型地，贊同者都覺得我所移居的鄉土很令人悠然自得，他們往往會發表感想說，在凡斯諾過日子似乎可以有更多個鐘錶時間。不滿此狀的人則花很多時間來問這問題：這裡的人靠什麼來找樂子？（關於人如何去適應環境的話題，稍後我也有話要講）。這兩種不同的情況，顯示了凡斯諾較慢的生活節奏，不僅對我的訪客來說是很觸目，而且也呈現出我們所居鄉土的地點差異。

按汽車喇叭的秒數

當然，還有其他很多方法去評估生活節奏速度，另類的實驗法可能會產生出完全不同的結果，誠如我那些評論家曾經毫不諱言指出這點。其中我最喜歡的建議，是來自一位洛杉磯的記者：

> 怎麼不去測試有多少駕駛會在你前面突然來個左轉？或者是警察打信號攔住你有多快？為了要開張不守交通規則亂穿越馬路的罰單給你？又或者測試銀行自動提款機，看看當你剛插入提款卡，螢光幕上有多快便出現「停止使用」信號？還有男人和女人配帶傳呼機的百分比是多少？……在我們設定的這些指標之下，我們會很樂意打賭洛杉磯將會名列全國最快速的城市。

有位南加州大學（UCLA）的教授建議我該測試「按汽車喇叭的秒數……在洛杉磯的交通燈前，當燈號轉換，到你後面的汽車按響喇叭，這中間要花多少時間。」他聲稱，按響喇叭是「科學上所知最細微的測試時間法」。

我們所用的每項測試法都有其特別之處，例如測試戴手錶的人數，不僅反映出一個社會對於時間的關注程度，也反映出追求時尚的心態，或者是受到這種心態影響的程度。但是，以跟郵局職員和銀行出納打交道為主的測試，則未免偏於突顯某一層面的特定人口，有欠中肯；而職員和出納的表現，也要看他們的能力技巧和專業訓練，以及他們一般是傾向於快手快腳或悠哉悠哉。然而，總體而言，他們可作為形形色色的人和活動事件的抽樣，而且反映出一個城市生活節奏的許多方面情形。

第七章

時間與健康和財富的關係

生活節奏快速，和心臟病的發作，是否有一定關係？比較慢的生活步調，是否一定有助於快樂和幸福？

為什麼有些地方的步調總比其他地方快速，是一個永遠讓我覺得有趣的問題。但是，如果你和我一樣，有尋求更綠的草地的嗜好，那麼，比速度更重要的問題是：哪裏的人活得比較好？哪裏的人比較健康？比較快樂？比較樂於行善？

在回答這些問題時，我們很容易偏向「緩慢是健康、快速是不健康」的假設，而認為在工作速度快、工作量又高的地方，生活品質一定不如比較悠閒的地方。超級狂熱追求成就者工作至死，與歡樂起舞、擁抱每一剎那的樂天安命者，形成強烈的對比，但也構成錯誤的典型形象。文化價值觀，尤其是像時間一樣深妙的價值觀，很少可整齊地劃分好壞。

然而，生活步調對生活品質確實有極為重要的影響。它對個人的身心健康及羣體的社會安寧都有深沈的影響。但是，這影響往往是好壞摻雜。任何一種步調都是好壞摻半。

A型城市的形成

匆忙的人先抵達墳墓。——西班牙諺語

在一九五〇年代中期，兩位舊金山的心臟病專家福瑞德曼(Meyer Friedman)及羅森曼(Ray Rosenman)注意到他們候診室的心臟病人，似乎比其他病人緊張。說得清楚一點，福瑞德曼及羅森曼將此發現歸功於一位家具商。他指出他們候診室的椅子，只有座墊前沿有磨損的特殊情形。他們憑直覺展開一項研究計劃，探討一項幾乎從未被探討過的可能性：心理壓力可能和心臟病有相當大的關係。在那時候，醫學界的主流信念是：冠狀動脈心臟病的治療純粹是技術問題，如同一位心臟外科醫師所說的：「這是管路問題！」

在一項早期研究中，福瑞德曼及羅森曼於某年一月至六月之間連續測量一些會計師血液中的膽固醇濃度。在這段期間內，這些會計師的飲食習慣並沒有改變。然而，在四月的前兩個星期當中，隨著四月十五日所得稅申報截止日的迫近，他們的血液膽固醇濃度平均值突然上升，血栓的比例也增加。五月及六月，這些數值又回復正常。

福瑞德曼及羅森曼推論：有些人生活在自己設定的長期性心理緊張狀態中。就心理學的角度而言，這兩位醫師候診室裏的病人始終生活在會計師的四月中旬。後繼的研究肯定了這項假設。其中最著名的是追蹤三千五百名男性於八年半期間內的健康與疾病型態。這項研究發現：冠狀動脈心臟病患者具有以時間緊迫感、懷有敵意及強烈競爭心為特徵的行為傾向，即「A型性格」傾向。具有A型行為型態的人，產生心臟病癥狀的可能性是「B型性格」（正常人）的七倍；心臟病突發的可能性則是「B型性格」的兩倍。

匆忙的生活步調是A型性格的顯著特質。A型性格的人走路及用餐速度通常都很快，往往以準時為傲，且有同時從事數種活動的傾向。他們對別人「慢吞吞」的行為缺乏耐心，例如，他們有半途切入替說話的人完成句子的習慣。不用說，A型性格的人工作時數，長於B型性格的人。

A型性格方面的研究，使人聯想到一個問題：不同地方的生活步調，是否和當地人口的冠狀動脈心臟病罹患率有關？我們是否可以乾脆稱呼某些城市是A型城市？為了回答這個問題，我們分析、收集不同國家及城市的生活步調指數，並與各地冠狀動脈心臟病死亡率相對照。

我們的研究數據強烈支持城市也可能具有A型性格的觀念。步調快的地區比較可能具有較高的冠狀動脈心臟病死亡率。我們的三十一個國家及美國三十六個城市的研究都凸顯這個現象。我們的研究結果顯示：城市的生活步調與心臟病不僅有明顯的關係，這兩者的關係甚至比個人A型性格與心臟病的關係更為密切。換句話說，我們的數據指出：在預測一個人是否會死於心臟病突發時，觀察他居住地方生活步調的重要性，不亞於觀察他個人A型性格指數。

為什麼居住在快速步調地區的人，比較可能死於冠狀動脈心臟病？只是走路快或工作辛勤本身，顯然不可能是心臟病的原因。若是如此，街上會到處都是喘不過氣的行人及暴斃的慢跑者。美國人為了維持良好的心臟功能而花錢在跑步機上努力運動的風氣，似乎和劇烈活動會造成心臟病的假設背道而馳。

我想，心臟病在快速步調城市相當普遍的原因，是這些地方吸引並製造非常多A型性格的人。快速步調的地方吸引快速步調的人，快速步調的人製造快速步調的地方。社會心理學家提摩太•史密斯(Timothy Smith)等人證明：A型性格的人「尋求」並「製造」時間緊湊的環境。在我們研究中，一些步調最快的城市，正是他們最嚮往的地方，也是他們最傑出的作品。

所以，快速步調城市的發展可以用下列的情景解釋。首先，A型的人被快速步調城市所吸引，造成城市有較多A型人士的現象。然後，這些A型的人使這個城市的步調愈變愈快。在這同時，B型的人有自快步調城市遷往步調較緩慢的地方的傾向。史密斯的研究指出：在步調快速的城市裡，時間緊迫是每個人，不論A型或B型，都必須服從的做事準則。結果，B型人會盡力達到A型人的要求，A型人則試圖使步調變得更快。這種環境容易罹患冠狀動脈心臟病之性格人口偏高，其來有自。

A型城市是充滿壓力的地方。時間緊迫的壓力可能導致有害健康的行為，例如，抽煙、飲酒、使用毒品、不健康的飲食，並且缺乏必需的運動。這些因素都是導致冠狀動脈心臟病的危險因素。例如美國健康與人口服務部(U.S. Department of Health and Human Services)的資料，以及我們的研究都顯示：步調較快的城市及國家具有較高的抽煙人口比率。我們發現：美國抽煙比例的地域形態，和冠狀動脈心臟病及生活步調的研究結果類似，抽煙及心臟病比例最高、生活步調最快的區域是在東北部，其餘依序遞減，分別是中西部、南部及西部。

一個例外的A型城市，為抽煙的角色提供了反證。鹽湖城的大多數人口是摩門教徒。在我們的研究中，它是生活步調第四快速的美國城市，但是它的冠狀動脈心臟病罹患率卻排名第三十一（第六低）。這很可能是因為摩門教雖然鼓勵苦幹精神，但嚴格禁止抽煙。艾力克・希其(Eric Hickey)是一位摩門教極度活躍的犯罪學教授。他解釋道：「摩門教義是一天二十四小時、一星期七天的承諾。當你將之與我們的家庭生活及工作相融合時，鹽湖城具有非常快速的生活步調並不令人驚奇。但是，摩門教徒同時也是非常注重心靈的人。我們相信中庸之道，但是，有害的活動，例如飲用酒精、咖啡因或抽煙、食用毒品是例外，我們完全都不涉入。」因此，在鹽湖城，摩門教價值觀是與快速生活步調抗衡的緩衝劑。冠狀動脈心臟病罹患率之低，證明了它的效果。

心理健康：何處的人較快樂？

較慢的生活步調有助於快樂，是另一項有待考驗的推論。這個論題容易讓人聯想到快樂的原住民徜徉在不受時間干擾、充滿異國風味海灘的夢般情景。這種鏡頭是焦慮但也比較富裕的觀光客想補捉的。然而，研究顯示：經濟生產力和快樂有相當大的關係。不論我們的研究焦點是個人抑或國家的經濟狀況，都是這種現象。一般而言，比較富裕的人及比較富裕國家的公民，都比較快樂。例如，在最近一項研究中，伊利諾州大學的人格心理學家艾德華•迪能(Edward Diener)等人發現：各國平均生活滿意程度和其國家經濟指標有極大的關係，包括國內生產毛額(GDP)、購買力及基本需要之滿足。

由於我們自己的研究也發現經濟力及生活步調有極密切的關係，所以我們假設生活步調與快樂應該也成正比的關係。結果當真如此。在我們所有的生活步調實驗中，步調較快的地方的人，對他們的生活也比較滿意。

這些結果勾畫出一個矛盾的現象：住在步調較快的地方的人，比較容易罹患冠狀動脈心臟病，但可能也比較快樂。如果快速的生活步調製造了導致抽煙及心臟病突發的壓力，這種壓力不是也會造成生活上的不快樂嗎？

我相信這種矛盾的根本在於：與之共存的經濟條件及文化價值觀。強調生產力及賺錢的文化，通常會製造時間緊迫感及促進個人主義思想的價值系統；而這種時間緊迫感及個人主義會促進高生產力的經濟系統。這些力量（經濟活力、個人主義及時間緊迫感），對人的身心健康有好壞摻雜的影響。在一方面，它們製造了導致抽煙之類的不良習慣及冠狀動脈心臟病的壓力。在另一方面，它們提供了舒適的物質生活，提高整體的生活水準，並因而改善了生活品質。生產力及個人主義（兩者難以區分）具有双重後果。

經濟學家茱麗葉•修爾(Juliet Schor)在《工作過度的美國人》(The Overworked American)中，如此說：

> 我們為富足付出了代價。資本主義大幅提升了生活水準，但是其中的代價是更辛勤的

工作生活。我們吃的比以前多，但我們把這些熱量用於工作。我們擁有彩色電視機及音響，但目的是用來舒解工作一天所累積的壓力。我們去渡假，但原因是我們需要假期來平衡工作經年的精神壓力。經濟進步帶給我們更多物質享受及更多閒暇的傳統格言，實在難以成立。

其他領域也具有相互矛盾之後果，自然不足為奇。例如，迪能等人的觀察指出：在個人主義國家（以美國為主要代表），離婚率雖然高出許多，但婚姻之滿意程度往往也比較高。他們的研究也發現：和以集體為重的文化相比較之下，個人主義文化的自殺率及心理健康指標，兩者都比較高。

值得注意的是在中國文字中，「危機」一詞是由「危險」和「機會」二詞組成的。在英文中，「危機」一詞源自希臘文的「決定」。同樣的，個人主義及辛勞苦幹蘊含心理財富與心理災難的双重種子。到最後，我們如何組織時間代表我們如何在兩者之間取捨。生活步調的快慢，其本身並無絕對的好壞。

社會健康：何處居民樂於助人？

生活步調不僅對身心健康有影響，和人們對待彼此的方式也有重要的關係。緩慢的社會狀態，和其他社會狀態一樣，對行為標準可能有極為深切的影響。

舉例來說，馬來半島的凱南人(Kelantese)非常注重緩慢的美德，並且緩慢和他們的是非觀念密不可分。匆忙被視為違反倫理的行為。基南人依照一套他們稱為「布地巴哈薩」意即「品格語言」的準則，判斷行為的適切性。這種道德標準的核心，是投注時間於履行社會義務、探訪親友與鄰居的主動意願。任何匆忙的跡象都被視為貪婪及過於關切物質生活的徵兆。最重要的，這表示對「布地巴哈薩」社會義務的疏忽及不盡責。犯者威脅到村內有關人際關係及團結的基本價值觀念。村民會對他們閒言閒語，認為他們缺乏教養，也會懷疑他們是否幹了什麼不乾不淨的事。

「布地巴哈薩」的道理（匆忙與保留時間給村民是互不相容的），具有廣泛的吸引力。對凱南人而言，這是一個很有效的系統。但是，凱南人是非工業化的族群，佔用時間的工作並不多。他們又住在比鄰而居的小村落，利於互惠行為的發展及維持。「布地巴哈薩」哲學是否適用於工業化及人口較多的地方，是一個爭議，因為在這種環境中，一般人每天接觸的大多是可能不會再見面的陌生人。在工業化或都市化的環境中，生活步調與社會責任是否也能攜手並行？

現代都市理論家大都相信這是可能的。他們認為：雖然在凱南社會裡，決定時間和社會行為關係的主要是道德問題，但是在都市環境中則不然，而是社會心理的現實問題。社會心理學家密格拉姆（Stanley Milgram）相信：現代城市的快步調生活帶來超過人們所能處理的感官刺激，造成他所稱的「心理負荷過量」（psychological overload）。城市愈大，心理負荷量過量的程度也愈大。為了適應這種困境，心理負荷過量的都市人剔除一切對其目標並不重要的事物。簡而言之，都市居民著重目標，並以最快的速度邁向目標。他們既沒有時間也沒有心理能量去關懷生活外圍的人。由於這種剔除過程，陌生人特別容易被忽視。密格拉姆認為：大城市的快步調生活，實際上要求市民忽視陌生人的需要。

快步調城市的市民，是否如同密格拉姆所假設的，比較不會抽時間幫助陌生人？在過去幾年中，我和學生們做了一系列研究來試驗這項預測。我們重返曾經做過生活步調研究的三十六個美國城市。這次我們觀察的是：在六種不同情形下的助人行為：

撿回掉落的筆　實驗者（穿著整潔的大學男生）以中等速度行走，手伸到口袋，讓筆「意外」地掉在身後，然後若無其事地繼續往前走。在每個城市，我們都觀察會有多少路過的行人幫助實驗者檢回那隻筆。

受傷的脚　實驗者腳上戴著又大又明顯的（我們所能找到最醜的那種）固定器，以跛得很厲害的腳步行走。一疊雜誌「意外」地自他手中掉落後，他就掙扎著想檢回這一疊雜誌，卻做不到。迎面走來的行人當中，有幾分之幾的人會幫助他？

盲人過街　實驗者戴著深色墨鏡並携帶一根白色手杖，假裝是需要協助過街的盲人。我們測量會協助他的行人比例。

換銅板　實驗者手中拿著一個美金二角五分的銅板，有禮貌地向迎面而來的行人要求換零錢。我們觀察在每一個城市有多少行人會停下來換零錢給他。

遺失的信　實驗者將一張字跡工整，寫著「我在你的車子旁邊檢到」的紙條，黏在一封貼好郵票及寫好實驗者收信地址的信封上。然後在主要購物區停車場內隨機選定一輛車子，把紙條連同信封放在雨刷上。有多少封信會寄達實驗者的地址？

聯合軍捐款 我們以每個城市聯合軍(United Way)募款運動的平均每人捐款值，做為慈善捐獻的指標。

結果，哪些美國城市的人比較願意抽時間幫助需要幫助的陌生人？統計各個城市在這六項指標的總得分數之後，我們發現這三十六個城市樂於助人的程度由最高到最低的順序如下：

1. 羅契斯特，紐約州(Rochester, New York)
2. 蘭欣，密西根州(Lansing, Michigan)
3. 納許維爾，田納西州(Nashville, Tennessee)
4. 曼菲斯，田納西州(Memphis, Tennessee)
5. 休士頓，德州(Houston, Texas)
6. 查塔諾加，田納西州(Chattanooga, Tennessee)
7. 諾克斯維爾，田納西州(Knoxville, Tennessee)
8. 坎吞，俄亥俄州(Canton, Ohio)
9. 堪薩斯市，密蘇里州(Kansas City, Missouri)
10. 印地安那玻里斯，印地安那州(Indianapolis, Indiana)
11. 聖路易斯，密蘇里州(St. Louis, Missouri)
12. 路易斯維爾，肯德基州(Louisville, Kentucky)

13. 哥倫布，俄亥俄州(Columbus, Ohio)
14. 底特律，密西根州(Detroit, Michigan)
15. 聖巴巴拉，加州(Santa Barbara, California)
16. 達拉斯，德州(Dallas, Texas)
17. 烏斯特，麻州(Worcester, Massachusetts)
18. 春田，麻州(Springfield, Massachusetts)
19. 聖地牙哥，加州(San Diego, California)
20. 聖荷西，加州(San Jose, California)
21. 亞特蘭大，喬治亞州 (Altanta, Georgia)
22. 貝克斯維爾，維加州(Bakersville, California)
23. 水牛城，紐約州(Buffalo, New York)
24. 鹽湖城，猶他州(Salt Lake City, Utah)
25. 波士頓，麻州(Boston, Massachusetts)
26. 薛瑞維堡，路易斯安那州(Shreveport, Louisiana)
27. 普洛維斯登，羅德島(Providence, Rhode Island)
28. 費城，賓夕凡尼亞州(Philadelphia, Pennsylvania)
29. 青年鎮，俄亥俄州(Youngstown, Ohio)
30. 芝加哥，伊利諾州(Chicago, Illinois)

31.舊金山，加州(San Francisco, California)
32.沙加緬度，加州(Sacramento, California)
33.凡斯諾，加州(Fresno, California)
34.洛杉磯，加州(Los Angeles, California)
35.帕特遜，紐澤西州(Paterson, New Jersey)
36.紐約市，紐約州(New York, New York)

若以區域來算，助人傾向最高的區域是西南部，其次是中西部，再其次是東北部的較大城市。這順序幾乎和這些區域的生活步調相反——正如同密格拉姆的系統負荷過量理論所預測。但，其中有一項顯著的例外。加州的十一城市，被視為一個整體時，是生活步調實驗中速度最慢的，卻是助人實驗中最不願意抽時間幫助人的。而且，他們的聯合軍平均每人捐款值還達不到最慷慨的羅契斯特人的十分之一。

最樂於助人的羅契斯特及最不願意助人的紐約市，都在紐約州。任職羅契斯特大學二十多年，但在紐約市成長的心理教授萊斯(Harry Reis)，對他這兩個家鄉城市的表現「一點也不感到驚訝」，「羅契斯特的社會架構尚未衰敗到其他城市的程度。那裏的人很少會覺得忙得沒有時間伸出援手。」

但是，即使羅契斯特及紐約市等城市符合密格拉姆的預測，我們在大多數加州城市觀察到的不友善行為，卻指出社會責任的文化規範有多麼複雜。這些西部城市證明：有時間伸出援手並不表示會實際伸出援手。如果我們期望民眾把「多餘的」時間用於利益他人，我們必須像凱南人一樣，以某種道德準則，將時間分配與適切社會行為連結在一起。如果缺少這種準則，生活步調緩慢頂多只能帶來個人的鬆閒。

比較美國的西部及南部城市，可讓我們看清這一點。雖然這兩個區域的生活步調都不匆忙，但是極不相同的社會價值觀卻在塑造它們不同的時間模式。對南部人而言，從容不迫和南方紳士、淑女的觀念相關連。他們認為這是涵養或禮貌的文化。然而，在大部份情況下，對西部人而言，放慢速度只表示放輕鬆。和緩的行為規範與高雅的社會價值觀關係不大，而主要和享受生活有關。

流行音樂巧妙地捕捉了這種差異。當小漢克・威廉斯(Hank Williams, Jr.)唱道「我們謝恩，我們口稱『女士』」時，每個人都瞭解他指的不是南加州。當海灘男孩(Beach Boys)唱「她將開心的玩、玩、玩，直到她的爹地拿走她的小寶貝」時，除了南加州之外還會是什麼地方？一位納許維爾居民在評論我們的研究結果時，很傳神地描述了典型的既定形象：「在這兒，我們說：『你好嗎？』在洛杉磯，他們說：『你的車子如何？』在紐約市，他們說：『把車子給我！』」

寒暄的不同

如果要使一個生活步調緩慢的地方居民比較重視陌生人的需要，將之和社會責任準則結合是必要的。凱南人的「布地巴哈薩」系統就是一個成功的例證。生活步調緩慢本身也許能緩衝心臟病的衝擊，但是並不蘊含任何道德哲學。我們的研究中最樂於助人的七個城市裏面，有五個城市位於具有此種社會責任行為準則的南部，其實是一件很自然的事。事實上，如果我們光以五種面對面的助人指標（不包括聯合軍捐款）做排名的標準，南方城市的得分會更高。

我的同事澤萊斯尼(Lynnette Zelezny)在生長過程中住過好幾個南方城鎮。她解釋道：「在南方，社會規矩就是你要抽時間對別人表示和善，至少表面上也要如此。即使你是不上教堂的人，這仍然是必守的社會規矩。小時候，如果我在公共場合的行為不得體（在公共場合的表現是很重要的），我祖母會警告我要『乖巧一點』，意思是『和善一點』。我們從小被教導要以行動顯示我們是一個和善的家庭。在南方，時時表現這種教養是非常重要的。讓他們知道你是和善的。如果你在加州的超級市場碰到一位認識的人，你只要說聲『哈囉』就好了。但是，在南方，你不僅得花些時間和熟人稍微閒聊一下，你還得和一起排隊結帳的人，以及櫃台結帳的人寒喧。」

我另外一個同事莉特(Jean Ritter)生長在阿肯色州的小岩城。莉特同意：「傳統南方的生活步調比較緩慢。這和禮儀有關。神色慌張或打斷他人或忽略社交細節，都是不禮貌的。例如，排隊的時候，耐心地等待並親切地和周圍的人聊天，是應有的禮貌。從許多方面來看，這是一種比較溫馨的生活方式。大家在街上遇見人，肯花時間停下來，面露笑容地相互寒喧。如果你不這麼做，大家會認為你很魯莽。在我念的那間小規模大學裏，在行人道上遇見人說幾句話是必需的禮貌；如果不這麼做的話，別人會認為你有什麼地方不對勁。抽時間出來表示友善是一種常態。加州就完全不一樣了。」

我們也覺察到助人和禮貌之間似乎有所差異。步調比較快的地方的人，即使在幫助別人時也不講求禮貌。在紐約市，助人行為往往來帶一股特殊的冷漠。在掉筆的實驗中，助人的紐約人通常會叫住實驗者，告訴他說他的筆掉了，然後快步地往反方向走去。相對的，在高指數的南方城市，助人者往往會親自把筆交給實驗者，有時還跑著趕過去。在盲人的實驗中，助人的紐約人通常是等到綠燈亮了，才簡明地告知實驗者可以安全過街了，同時自己逕自快步地往前走去。在東南部，助人者往往會親自幫助盲人過街，有時也會問他需不需要進一步的協助。

大致而言，紐約人似乎只有在能確定沒有進一步接觸的情況下才願意幫助他人。他們彷彿在說：「我會履行我的社會義務，可是，你不要弄錯了，我們之間的關係就到此為止。」我們很難知道這有多少是因為畏懼，有多少只是因為不想浪費時間。可是，在助人意願較高的城市，例如羅契斯特及許多中西部和南部城市，人際接觸似乎是助人的主要動機。這些地方的人比較可能帶著微笑幫助他人，並樂意接受「謝謝你」的回應。

信的故事

失落信件的實驗，為沒有禮貌的助人行為提供了極生動的例證。在許多城市，我收到的信封顯然被拆過。在這種情形下，幾乎每位尋獲者都重新封好信封或把它放入新信封後再郵寄。有時他們會附上紙條，為拆開我們的信件致歉。唯一的例外來自紐約市——信封的一邊被整個撕開，而且沒有重新封住。在信的背後，幫助者潦亂地寫了一句西班牙文，一句辱罵我母親的髒話。他在這下面又加了一句露骨的帶F字的英文髒話。可想而知，這是一位憤怒的紐約人，他可能一邊咀咒我的不負責任，一邊走向郵筒。然而，基於某種理由，他覺得必須犧牲一些時間，為他已經怨恨不已的陌生人盡他的社會義務。當然，這封無禮的回函也為紐約的助人指數得了一分。有些諷刺，不是嗎？

寫在羅契斯特寄回的那封信背面的短文，和來自紐約市的回應又形成有趣的對照：

嗨，我在我們雨刷上找到這封信，有人把它放在那兒，還附了張紙條說他們在我車子旁邊找到的。我原以為這是違規停車的罰單。我在十一月十九日將此投入郵筒，請告訴寄這封信給你的人，這封信是在十一月十八日下午五點左右，在圖書館和南街對面的橋頭附近被發現的。

附注：你和紐澤西或長島的勒范恩家族有親戚關係嗎？

不伸出援手的人，在禮貌上的差異也很大。就這方面而言，紐約人的表現不見得是最壞的。在紐約及洛杉磯蒐集助人數據的馬丁內茲(Todd Martinez)注意到這兩個城市的明顯差異：「我痛恨在洛城的經驗。那裏的人只是看看我，但一副懶得幫忙的樣子。有幾次我在一個狹窄、只能單人通行的行人道上做腳受傷的實驗。我記得有一次在雜誌掉落之後，有一位男士離我很近，看清楚情況之後，他只是往旁避開我，一聲也不吭地走開。在我負責的十二個城市當中，洛城是唯一讓我對市民不伸援手的情形感到懊喪及憤怒的城市。不知道為什麼，在紐約市我就是不會在意。人們看起來就是一副忙得沒有時間幫忙的樣子。他們對我視而不見。——不僅是對我如此，對周圍的一切也是這樣。」

當然，對需要幫助的陌生人而言，念頭往往不如行動重要。我們的研究數據顯示，在快步調地方，仍然有些人會像慢步調地方的人一樣，設法撥出時間幫忙陌生人。最樂於助人的羅契斯特在我們的生活步調研究中，是三十六個城市當中排名第六快速的城市。步調最慢的洛杉磯反而是最吝於助人的城市之一（助人指數排名第三十四）。所以，結論是陌生人得到援助的機會在紐約市和在洛杉磯一樣渺茫。

在國際城市部份，生活步調與助人指標之間的關係也是時而密切時而疏離。在過去幾年當中，我和學生在世界各地好幾個城市測試助人行為研究中的五項指標。如同美國研究的結果，某些外國城市支持緩慢生活步調促進社會責任感的假說。例如，我們發現生活步調非常緩慢的里約熱內盧（巴西的舊首都），人們極端樂於幫助陌生人。在生活步調相當快的荷蘭首都阿姆斯特丹，助人的指數則相當低。但是，其他地方則顯然不符合此項假說。例如，保加利亞人在我們的生活步調指數研究中排名很低（步調相當慢），但是他們並不比生活步調非常快的紐約人更樂於幫助陌生人。我們也發現哥本哈根的丹麥人走路速度相當快，整體生活步調也相當快，但是他們幫助陌生人的指數仍然很高。

這些結果顯示：即使是生活步調快的人也依然能找得出助人的時間。而且，緩慢的生活步調並不能保證人們會將節省下來的時間投入實行社會理想中。不論是在快步調或慢步調的地方，都有人會花時間幫助他人，也都有人袖手旁觀。

第八章
日本的特例

超越工作的唯一方法是工作。這並非工作本身具有價值，而是我們必須以工作克服工作。工作的真正價值來自自我否定的力量。

安部公房《沙丘之女》

畢生的研究讓我相信：大致而言，快速的生活步調提高了生活滿意度，但也增加了冠狀動脈心臟病罹患率的狀況。不過，在跨文化心理學錯綜複雜的領域中，例外有時比常態更具意義。當快速的步伐衝擊到緩衝壓力的價值網路上時，會出現何種狀況呢？日本是一個極為有趣的例子。

日本式的工作狂

日本的生活步調，在地球上名列前茅。如同我們已經見識過的，日本人不僅工作速度快，他們的工作量也很大。他們逃避休假，並且畏懼退休。事實上，對一位出色的雇員而言，豁免公司的強迫退休年齡是無上的獎賞。

憂鬱的星期一對日本勞工而言根本不是問題。他們比較可能患的是「週日病」及「假日癥候群」這一類心身失常的毛病。例如，有位醫師如此敘述一個患病的會計師：「一到星期五，絕無例外地，他覺得有一股尖銳的痛楚橫掃後頸。他整個週末都躺在床上，疲憊得無法動彈。但是，當星期一來臨時，他就奇蹟似的痊癒了。」根據心理醫師關谷取的說法，假日癥候群是「獨特的日本疾病，這些人無法忍受不工作」。

也許，最值得注意的是假日癥候群並非一定會被視為一種病理。今井徹是專門為企業諮詢員工壓力問題的心理學家。今井說他的企業客戶鼓勵他和員工談及任何有關「A型性格」問題時，要儘量放緩語氣。「這些經理人員有視工作狂為目標而非問題的傾向。」

日本人獻身於工作的熱忱，令人歎為觀止。由其政府試圖使人民減少工作的源起，即可衡量此種熱忱。過去幾年，在一項可謂前所未有的計劃中，日本政府一直努力推動一項縮短勞工工作時間的運動。一九八七年夏天，當日本政府首次展開「少做多玩」運動時，我正巧在札幌醫科大學工作。有一天早上喝咖啡，我向兩位健康心理學家的日本同事提到：他們必定為政府終於承認工作過度的心理代價而大感振奮。他們兩人都對我這位「外人」的天真大感訝異。他們解釋：真正的動機是經濟。稍後，其中一位帶給我日本一份英文報《朝日晚報》的社論。這篇社論的說法是：「為了刺激國內景氣——政府決定這是必要的，消費者的消費量必須提升。但是要達到這個目標，日本公司員工必須有較多的休閒時間。勞働省因此提倡『少做多玩運動』。」所謂日本也回頭調整的說法，不過如此。

無論政府的動機為何，此項運動終究不是日本人工作動力的對手。首先，在一九八八年的五年經濟計劃中，日本政府訂定了每年工作時間減少百分之二十，於一九九二年降到一千八百小時的目標。立意將每週工作時數自四十八小時逐漸降低到四十小時的新法律也通過了。勞働省官員展開了四十七個城市的巡迴演講，以「如何在安適的社會中工作與休閒」及「我們公司安閒的一週」等題目，訴求於勞工。然而，這一切努力以幾近全面潰敗的結果收場。追踪研究發現：工作時數幾乎完全不變。至今仍然如此。

接著，日本政府決定向國際聞名的日本習性：厭惡休假的習性挑戰。如先前所言，日本勞工只利用他們應休假期的一半。日本女子大學教授及日本工作過度問題專家高木井黑評論道：「當日本還很貧窮時，休假幾乎是罪惡。直到最近，辛勤苦幹是一項共同的美德。」連日本語言也強化此種工作道德。在日文中，空閒時間是「餘暇」，其字面意義為「剩餘的時間」。「空閒時間不認為具有（和工作時間）相等的價值。」高木說。

因為充份明白日本人的執著，日本政府選擇以至為日本的方式鼓勵休假。襲捲全國的宣導活動，借重諸如「休假是你能力的證明」的口號。有一年夏天，兩位身著旅行裝的日本人悠閒地躺在地上、花豹斜倚為伴、山色如詩的海報，張貼在全國各地。每張海報都是那年夏天的俏皮口號「Hotto Week」，「Hotto」這個字（ほ、と）在日文的意思是放鬆或娛樂的意思，同時也接近英文字hot（熱、熱門）的音。與此並行的是勞働省較為直接的日文告示，基本上可翻譯為：「本部命令你休假一星期。」日本一家大報，《朝日新聞》在報社牆上貼了一張海報，顯示一位面貌凶惡的老闆對著電話筒吼道：「如果你來上班，我就開除你！」然而，日本的工作狂似乎又打贏了這場仗。自從政府展開相關運動以來，休假日數的利用比率幾乎保持不變：一九八六年的百分之五十對一九九二年的百分之五十三。

最近，日本有一項鼓勵育兒假的運動。但是，日本這類休假的動機和法國或瑞典等國家大不相同。就傳統的日本社會時尚而言，休育兒假的理由，主要在於商業及生產力的關係，對婦女及家庭心理健康的關切則在其次。最主要的，這和日本不斷下降的生育率有關。一九九一年當生育率降至千分之一・五三的新低時，日本政府通過了一條新法規，提供新生兒的雙親育兒假。日本婦女角色專家岩尾濟子解釋道：「各家公司突然擔憂它們將缺乏足夠的員工。」男性立法者「幾乎覺得日本民族瀕臨滅種的邊緣」。

速度是傳統日本文化極為重視的一項美德。動作緩慢的人被視為愚人。浪費時間，縱使是為了基本的生理需要，也是不被認可的。有一句日本俗話可大致上翻譯為：「吃飯吃得快和拉屎拉得快是一種藝術。」

行動過於緩慢的員工，不論該工作是否有快速的必要，都犯了日本工作場所的大忌：不肯全力以赴。一位為住友電器工作的美國人噶爾・雷諾斯認為：日本人相信「他們在辦公室裡應該顯得忙碌，不論實際情形是否如此。顯得忙碌的方法之一是做事迅速，例如：跑步到十英呎外的影印機、寫一封例行的公函也要用力敲打電腦鍵盤。每當上司叫喚你時都急促地自椅子上彈跳而起（「是，上司！」）。在這個社會裡，忙碌或顯得忙碌是一種美德，顯得做事迅速及帶著慌張的氣息，就表示你的確很忙碌，因此是一位好員工」。

日本人可能會因為過於著重速度及苦幹的美德，而產生嚴重的文化衝突。日本領導人物對美國日漸衰敗的工作道德的評語，是這類衝突最受注目的例子。一九九二年初，日本國會眾議院議長櫻內義雄公開評論道：「美國（貿易）問題的根本在於美國勞工品質低下。」

上議院員及人類學家國廣正夫說得更加露骨。他在這段時期也說：「真可悲，美國的工作道德繼續在衰敗，這可是個曾經教導我們許多和國家呢。」這些批評引發許多人以統計數字反擊，富蘭克林主義者，以及一些激進反日的華府政府官員，挺身為美國勞工辯護，宣稱他們是不受重視且被誤解的一羣。但是，對日本人而言，生產力不足乃是因為工作不夠努力，這是無法否認的真理。解決之道是：更加迅速及辛勤地工作。

日本人很清楚勤勞能達到什麼。在二次世界大戰結束後的二十五年內，他們眼見本國的財力從戰後的灰燼中興起，成為當今世界強國之一。他們瞭解他們的「經濟奇蹟」中，奇蹟並不多，主要是努力及個人犧牲的結果。日本人認為苦幹與失敗是互不相容的。

社會參與緩衝了心臟病

工作狂是日本的生活方式。我們應該因此論斷日本是一個註定要和冠狀動脈心臟病共存的國家嗎？日本人是否當真「以致命的步調前進」？

醫學統計顯示：事實決非如此，並且恰好相反。儘管他們的生活步調如同脫韁的野馬，日本人因冠狀動脈心臟病而死亡的比率低得出奇。在我們研究冠狀動脈心臟病的二十六個國家中（另外五個國家缺少心血管疾病統計資料），日本罹病率是第五低。事實上，世界衛生組織報導：日本冠狀動脈心臟病死亡率，在二十七個工業化國家中是最低的。

在日本這樣的A型人口羣中，大部份勞工是如何避免冠狀動脈心臟病的？無疑，日本的低膽固醇飲食有所助益，但是，資料顯示這並不是完整的答案。文化價值觀似乎是一帖重要的緩衝劑。研究者馬莫特（Michael Marmot）及錫姆（Leonard Syme）發現：不具傳統日本文化教養的日裔美國男性，他們罹患冠狀動脈心臟病的可能性，比生長於比較傳統家庭的日本人要高二至二·七倍。即使當傳統的冠狀動脈心臟病危險因素：飲食、抽煙、膽固醇、血壓、三酸甘油脂、肥胖、葡萄糖及年齡也被列入考量時，這個事實仍然不變。

日本文化價值觀的核心，十分注重集體的福利。日本工作狂的鑄造模式，大異於西方。傳統的日本工作道德，「先苦後樂」，源自其集體價值系統。苦幹與生產力主要是養家活口的手段，但是在日本卻不僅如此。在一些個人主義的國家，苦幹也是個人對增進團體利益的應盡義務。在美國，苦幹與冗長的工作時間在傳統上被歸為男性特質，是一家之主的天職與義務。在日本，則蒙上愛國主義的色彩。

日本獨特的集體主義，特別著重對團體的奉獻。對大多數勞工而言，最重要的團體是公司。個人主義對日本勞工而言是極其陌生、怪異的觀念。他們個人的成就是以整個組織的富足來衡量的。在日本，對團體的忠誠及奉獻並不是一種選擇，而是一種執著。小說家三島由紀夫在他的短文《太陽與鐵》中，試圖捕捉此種集體認同的精神：

> 團體是關於言語永遠無法呈現的一切事物——汗水與淚水，喜悅與痛苦的呼叫。更進一步探究，這是言語永遠無法使之流動的血液……我覺知到：唯有透過團體，透過分擔團體的痛苦，肉體才能達到個人永遠無法達到的存在之顛峯。

認同自己的公司，是人人皆然。每一個工作日，公司員工都以立正歌唱公司歌做為開始，其內容則類似「一顆明亮的心滿溢著聯結在一起的生命，松下電器公司」。他們往往穿著公司色的衣服，以表現對公司的終生認同。日本人為公司的成功而工作，並以公司的成功為個人的成功。「縱使你贏不了，你的團隊也能贏」是最受歡迎的口號。如同我在札幌醫科大學的一位同事佐藤曾經為我解釋的：「我對本系的感覺，如同你對家庭的感覺。」佐藤所說的並不僅是一種比喻。調查資料顯示百分之六十六的日本勞工（大部份是男性，典型的日本現象），認為他們的公司至少和他們的個人生命一樣重要。

為了回報這種奉獻，勞工所服務的團體，會給予他們無條件、永久的支助與保障。日本最大航運公司的前總裁，有吉良屋曾經評論道：「在美國，小孩被鼓勵建立並維護個別身份。在我們日本，你最先學習的是與團體諧調。做為這種順從行為的交換，大家也會對你和善及體諒。你不需要求任何事物，你的願望不經要求就被應允了。用孩子似的語言來說，如果你很乖、不吵著要這要那的，大家都會寵愛你。」

對大部份日本人，尤其是男性而言，公司是他們最重要的支助團體。傳統上，大專畢業生如同選擇配偶般謹慎地選擇公司。如同婚姻一般，和公司的關係被認為是一輩子的事。很多人探討過日本勞工傳統上享有的終生經濟及工作保障。不過，公司對他們最重要的，還是感情上的支持。例如，當一位員工生病時，公司不僅會派醫師到他家出診，老闆往往還會親自到府慰問。幾年前當京都水泥公司為員工及其眷屬購買集體墳墓時，這種精神或許發揮到了極致。京都水泥公司想確保他們的員工在死後「不會感到寂寞」。

尤其是對男性而言，同事不僅是平常工作時候的伙伴，也幾乎是自身社交世界的全部。這使得寂寞成為日本員工少有的問題。事實上，這種情感的支持可能是日本冠狀動脈心臟病比率低的另一關鍵。健康心理學家提出相當的證據顯示：社會支持感是對抗壓力及疾病的有效緩衝劑。在若干國家的研究已經發現：一個健全的社會支持體系，可以降低罹患許多疾病的可能性、減少復元所需時間，並降低死於嚴重疾病的可能性。例如，研究已經顯示：具有高度社會支持的人，能較迅速地自腎臟疾病、白血病及中風復元，也能較有效地控制糖尿病，經歷較輕的關節炎痛楚，並且還比較長壽。對我們的研究最有意義的是，這類研究顯示：他們罹患冠狀動脈心臟病的可能性也比較低，並且較不可能因此病而死。杜克大學(Duke University)的瑞福・威廉斯(Redford Williams)在一項針對嚴重冠狀動脈心臟病患者的研究中發現，在具有廣泛支持人脈的患者當中，百分之八十二存活至少五年；社會關係極為孤立的患者中，則只有百分之五十如此。

除了公司所提供的情感支持之外，知道同事全都在分擔責任，是對日本勞工有利的另一因素。藉由為團體工作，並且與團體一起工作的過程，壓力平均分配在每一位共事者身上。因此，日本勞工似乎能避免西方勞工的典型問題——伴隨苦幹而至的壓力。

測量A型行為的跨文化研究，支持這個理論。珍肯斯行為調查(Jenkins Activity Survey)是應用最廣泛的A型行為評估標準，包括一系列關於強烈企圖心（競爭心、易怒、性急等）及另一系列關於努力工作的問題。在美國，第一系列問題得分高者，其第二系列的得分也高，兩者都是同一行為模式的一部份。但是，在社會和諧為至高社會價值觀的日本，競爭心與侵略性並不合宜。研究指出，當日本人接受A型性格傾向測驗時，他們對反映努力工作問題的答案，和他們對測量強烈企圖心問題的答案關係甚微。他們努力工作的得分通常相當高，但是強烈企圖心的得分卻相當低。

甚至，連A型行為問卷中，關於強烈企圖心的問題如何翻譯也是一大問題。一位沮喪的研究員說，就「你喜歡工作中的競爭嗎」這個問題，他能找到的最佳日文翻譯是：「你喜工作中的無禮嗎？」佐藤就〝competition〞（競爭）、〝assertiveness〞（有主見或果斷力）及〝aggressiveness〞（侵略性、進取性）等字的日文翻譯提出意見：「在日文中，aggression一字翻譯為『攻擊性』。當一個人被描述為具有『攻擊性』時，表示他具有敵意或脾氣凶惡。此字具有非常負面的涵意。」在西方，具有侵略性也可能夾帶正面的涵意，如同具有「主見」一般。但是，翻譯成日文時，「主見」變成一個不同的字。美國孩子被教導「要求才能得到」，一般日本人則相信當你保持沉默時，願望自然會成真。

日本人努力、迅速的步調，和競爭的敵意與怒意關係不大。但是，在美國及其他西方文化中，速度與時間緊迫感，往往就一跨而為競爭與敵意。

日本的例子表示，時間緊迫感並不是冠狀動脈心臟病的直接肇因，但美國與其他西方文化則顯示快速生活步調與冠狀動脈心臟病有強烈關係。唯有當速度及時間壓力與敵意及怒意的毒性因素共存時，它們才和冠狀動脈心臟病產生相當的關係。但是，日本的低冠狀動脈心臟病罹患率，證明速度與時間緊迫感本身不見得具有致命性。這對抗拒醫師「放慢速度」警告的西方工作狂而言，是一項好消息。只要能秉持正確的工作態度——不具帶敵意或競爭企圖，罹患冠狀動脈心臟病的危險性似乎不會增加，或頂多只會增加少許。

瞭解你的「義理」責任

日本工作狂特有的平衡及時間彈性，起源於「義理」或責任原則。在日本，有一套非常周密定義適當社會行為的規則。幾乎所有的社會關係都建立在界定清楚的責任上。有時，這類期望可能很瑣碎；例如，日本人會談論情人節的「義理巧克力」。事實上，日本人的責任如此之多，以至於回收、交換各種禮品的二手禮品店應運而生。

但是，責任感遠不止要送禮的意義。責任感的核心，把一個人對家庭、公司及國家的義務規定得極為周密。這個層次的責任感，正是日本人以團體為工作狂熱力量的來源。

工作道德背後的責任感，使日本人成為依情況需要而轉變時間模式的專家。當情況需要他們以全速進行時，他們絕對不會慢一步。但是，當工作場所的責任時而需要減緩速度時，日本工作狂也能一樣嫻熟地跳起慢舞。

艾倫・米勒(Allen Miller)，一位在名古屋教過英文的澳洲人，談及日本人成功地履行責任後所感到的驕傲。他指出日本人如何喜愛一切都計劃得很好。「我所遇見的日本人在明確瞭解他們對我的義務之後，往往變得欣喜若狂，」米勒說：「重要的並不是他們有多大的義務，而是明確地瞭解加諸於他們的期望。於是，他們很高興地去履行此項義務。」

日本人混合不同時間模式的能力，反映他們對工作性質及非工作時間的根本態度。在美國，工作時間和遊戲時間分別得非常清楚。一個人對公司的承諾在特定的時間開始及結束，且往往非常準時。在定義清楚的範圍之內，雇員被期待專注於當日的工作。另一方面，雇主則瞭解：除非做了特殊安排，下班後的時間是公司不能過問的領域。

對日本上班族而言（和先前一樣，特別是男性），工作時間和社交生活之間的界線則相當模糊。對大多數日本男性而言，他們的同事和朋友是同一家人。日本上班族的工作時間相當長，但是，他們的生產量不如西方人可能期待的那麼高。他們花很多時間和同事商談、開會及閒聊。換句話說，生產並非工作時間的唯一重點。根據佐藤的敘述，身為系上的新進教授，他的工作責任實際上包括要陪伴比較資深的教授早上喝咖啡、中午進餐或甚至下棋。即使他有其他急待處理的工作，也只能另外設法加班去完成這些工作。他解釋道：社交時間是維持同事間和諧關係的必要因素，而和諧是日本社會上下所共同推崇的。因此，一位美國教授可能認為浪費時間的事，對他而言，卻是工作上極為重要的一部份。「當你被一家公司終生雇用時，」他如此解釋：「和諧變得很緊要。」

如此注重團體的日本人，對私人時間的需求就會低於美國人。即使在工作一整天之後，醫科大學的員工往往還會繼續逗留一、兩個小時，或和同事喝喝啤酒，或一起觀賞一局球賽。這種習慣幫助開展社會關係所尋求的和諧。因而產生的和諧，則可增進個人責任感及內在推動力量，進而提升工作場所整體生產力。

接受個人的責任，並承擔被期許的工作（不論工作量多大或需要多長的時間），成為日本人獻身公司的基礎。每個人都瞭解他們的責任是重要的，家庭的快樂、公司的成功及日本的未來，都是由每一位個人如何做好自己的工作而決定。這有一部份是日本的年資制度造成的，因為幾乎每一位最高主管，都是由公司內最卑微的工作開始做起的。公車公司的總裁由駕駛公車開始，餐廳的經理由侍者開始。每位工作人員都是同一運作的一部份，每個人都瞭解最低微的藍領（勞動）工作對整體運作的成功攸關緊要。

艾倫・米勒談到他在日本的課堂上，「怎樣也無法使大家瞭解當員工打電話請病假時，一位體諒的老闆會回答說：『不用擔心，你好好休息。沒有你，我們還是能應付。』學生們就是無法瞭解其中的意思。在日本，答案會是這樣的：『噢，我們會盡力支撐，但是沒有你，這會很困難。』」

責任原則能幫助我們解釋日本人苦幹而不會殘害自己的能力。投入長時間的日本上班族瞭解這是他們的責任。他們所有的義務都計劃周詳，而且只要達成這些義務，資歷將會帶來適當的獎賞。許多日本人相信這種信念：他們所做的是重要的，他們所做的受上面的重視，以及他們所做的是集體力量的一部份。這就是他們對抗壓力的主要緩衝劑。

過勞死

日本人的工作狂並非不需代價。事實上，愈來愈多日本人開始擔心對工作場所的強制責任已經太過頭，不再是對個人或羣體最有利的作法。這些批評者認為苦幹已經演變為一種毒癮，迫使許多人及其家屬付出極高的代價。

東京有一位律師川人廣主持一個「過勞死熱線」，沒有人比他更瞭解日本式工作狂的代價。「過勞死」一詞指的是因工作過度而死，通常直接死於冠狀動脈心臟病。這條熱線不僅受理患有與工作相關疾病的員工電話，也為因公司加班而失去丈夫及父親的家屬提供諮詢。過勞死熱線最先於一九八八年在大阪開放，第一天即接到三百零九通電話。在不到一年的時間內，二十八個縣設有過勞死熱線。川人說：過勞死的個案繼續在增加之中。「起先只有六個地點有過勞死熱線，但是我們有時在東京熱線上接到遠自沖繩島打來的電話，所以我們覺得應當擴展熱線，」他說：「我現在把過勞死熱線中心的數目努力增加到四十七個，使每個縣都有一個。」值得一提的是：川人本人每天投入十小時在防止人們工作至死的工作上。

顯然，日本人為他們的工作狂付出相當大的代價。過勞死熱線也許是一項訊號，指出許多日本上班族的團體心理緩衝劑藥效已經變弱了。我們也有理由擔心：當經濟壓力開始威脅到年資系統及終生工作保障的萬靈丹時，與壓力有關的問題將會在日本逐漸擴展開來。

然而，就整體而言，日本勞工的心理韌性依然很強健。大多數日本人似乎對苦幹的制度感到相當自在。至少，和西方勞工相較之下顯得如此。在表面上，日本模式極為符合西方的工作狂標籤。但是，就算這是工作狂，這也是相當不同的一群工作狂。

向日本學習

有人說：在日本，矛盾永遠存在。在速度方面，日本人絕對不輸給任何國家。但是，這並不表示他們會受時鐘的支配。在京都住過一年的作家皮寇•艾爾（Pico Iyer）認為：日本人是時間的「行家」。他們「懂得包裝時間」，「把前後混亂的剎那轉變為如藝術般美麗的輓歌。」除了掌握快速，他們也能巧妙地掌握緩慢。艾爾覺得「日本很多面貌都是在隱避時間、駐留時間或離棄時間」。

也許，日本最重要的訊息是它能幫助我們認識自己。西方人往往視匆忙與悠閒之間的選擇，為成就與壓力之取捨。無疑的，辛勤苦幹確實經常迫使現代勞工支付極大的代價。然而，如同日本人的經驗所顯示，這種關係並非定理。

新近的A型行為研究者如此主張：只要不伴有強烈的競爭企圖與敵意，諸如動作迅速、說話迅速及耽迷於工作等行為，不一定會造成冠狀動脈方面的問題。這類結論主要是依據美國方面的數據，但是，部份最有力的支持例證卻來自亞洲邊緣。雖然我們的生活步調研究顯示：在許多國家（尤其是美國及多數西歐國家），時間緊迫感和冠狀動脈心臟病的關連，往往比當今許多A型行為研究者的估計還要密切，但是日本的例子指出這種關係並非必然：分秒必爭、辛勤工作及行動迅速的需要，不一定會危害健康。

善用時間，是日本人模倣西方文化的長處，但是在更深的層次上，他們卻緊守本國傳統的價值觀。在最近幾年，西方生意人已開始謙虛地承認：他們向日本人學習生產技術的時候已經到了。同樣的，他們或許也該向日本人學習如何控制時間。

第三部
時間與個人

對於生命，時間不是主要的關鍵。

而是唯一的關鍵。

第九章 時間智商

時間智商，可以幫助你與不同文化的交流，也可以幫助你和身邊的愛人相處得更好。要提高時間智商，共有八堂課要上。

歷史學家慕福特（Lewis Mumford）曾經說過：「每個文化都相信：其他文化的空間與時間和自己所存在的真實空間與時間比起來，不是顛倒就是頂多近似。」可是，實際上沒有任何一種生活步調是對的或錯的。不同的生活步調僅是「不同」的生活方式，各有利弊。此外，所有文化的時間觀念都有值得我們學習的地方。

但是，契入其他文化的時間規則並非易事。各種文化的時間型態錯綜複雜，充滿其地方的個性。如同日本例證闡明的：我們必須從比較廣泛的角度才能適切地瞭解時間型態的心理意義。我們必須先瞭解一個文化的根本價值觀，才能與其時間感協調。難怪外來的人在試圖瞭解這種沈默的語言時，往往會十分迷惑。

現在導向的困境

在許多例證中，「時間文盲」或缺乏對時間觀的認識，不過導致一些困窘、尷尬的問題，但是，在嚴重的情形下，缺乏時間知識可能會造成社會功能的癱瘓。當遵循非鐘錶時間的人士必須依照快步調文化的標準運作時，往往就會發生這種狀況。即使是經濟力強盛的社群，也總有一些人因為無法掌握以鐘錶為準則的主流文化步調，而成為邊緣化的次人口羣。這些有時間障礙的次團體，在具有多種民族、多元文化人口的社會中特別普遍。社會變遷迅速的社會更是如此。他們的時間觀往往侷限於現在。社會評論家雷夫金認為：時間匱乏(temporal deprivation)是所有進步社會皆有的固有特徵。「在工業文化中，窮人在時間及物質方面都貧窮，」雷夫金說：「確實，時間匱乏與物質匱乏互為條件……非常『現在導向』的人將被掃入別人為他設計好的未來之中。」班費德(Edward Banfield)在他關於城市貧窮問題的《不妙的城市》(The Unheavenly City)中，甚至說：「就『貧窮文化』的角度來看，貧窮的主要原因，並不是缺乏收入或財富，而是極度現在導向。」

美國的某些地區是這類主張的鮮活證明。德蘿瑞絲‧諾頓(Dolores Norton)，芝加哥大學社會服務行政學院的一位教授，十多年來，一直在研究美國貧窮家庭小孩的智能發展。她專門研究一些極度高風險群的實例。這些研究實例都是居住在芝加哥最無望、最貧窮地帶，低收入黑人青春期少女所生的孩子。諾頓以錄影機記錄這些小孩在家中的社會互動行為，然後指出他們在學校所面臨的最大障礙。她為雷夫金及班費德的時間匱乏理論找到充分的證據。她一再看到許多小孩最大的問題，都和不知如何面對主流文化的時間利用方式有關。

她發現：對這些小孩而言，時間模式的衝突幾乎是必然的，因為他們的家庭生活裡，幾乎完全不論及時間。他們很少有日常生活規律的經驗，例如，父母在固定時間去上班，或在固定的時間用餐等等。他們父母更關切的是：如何避開毒品和幫派暴力，如何不挨餓之類的問題。這些小孩的父母，大都很少指示「在十一點鐘之前把你的房間收拾乾淨，你才可以看你最愛的電視節目」之類，甚至連簡單如「先穿襪子，然後再穿鞋」的指示也不會給。

這些小孩入學後，往往對校方在時間方面的要求感到十分困惑。諾頓如此描述這種景象：

想像你自己是教室中的小孩，此處的大人說的是你的語言，但是你無法理解他們的指示，即使你可能很想討好他們。當你站起來看沙鼠時，他們叫你先坐下、塗完色，等自由活動時間到了再去看沙鼠。當你坐下來塗色時，你還沒塗好，紙張就被拿走了，因為現在是十點，是喝果汁的時間。你還沒喝完果汁，「上廁所的時間」到了！

諾頓發現這類情形是都市貧民區小孩的典型經驗。這些小孩眼看著休息時間的遊戲中途被打斷，因為點心時間到了；接著，他們還沒吃完的點心被拿走了，因為上下一堂課的時間到了。他們的時間觀念和教室內的時間觀念愈不相同，他們的成績愈差。這些小孩的困惑與挫折往往使他們反叛或退縮。因而他們可能被視為愛惹麻煩或反應遲鈍。惡性循環於是開始。

諾頓令人沮喪的敘述明白地指出：掌握其他文化的時間語言是艱鉅難測的。當然，適應另一種時間感的困難，並不限於次文化羣。在先前的章節裏，我們已經看到有些極為國際性的人士（從政治家及國王到跨文化心理學家），如何莽撞、嚴重地違犯其他族羣的時間規則。但是，也同樣有些人成功地運用多元時間模式。

在墨西哥的提華納(Tijuana)，每天有數以千計的人通車越過邊境到加州上班。他們顯然精通多元性時間模式。心理學家洛培茲(Vincente Lopez)目前是位於墨西哥墨利達(Merid)城的瑪雅大學通訊系圖書館館長及講師。他自認是這種通車族的典型人物—起碼就時間觀而言。洛培茲在提華納及聖地牙哥之間往返通車達五年之久。他說：每當他越過邊境時，他就覺得彷彿體內的按鈕被啟動了。進入美國時，他感覺到他整個人都轉換到快速的鐘錶時間模式：走路速度加快、開車速度加快、說話速度加快、按照時限做事⋯。返家時，當他看到墨西哥海關官員時，他的身體就鬆懈下來，悠哉地滑入自然時間。洛培茲說：「有一大群像我一樣的人，在不同的時間中往返。」他相信許多人堅持將家留在墨西哥那邊，完全是因為它比較緩慢的生活步調。「在墨西哥，我們活在時間之內。我們不控制時間。我們和時間一起生活。你必須告訴你美國人的那一面：『請瞭解如何依照墨西哥時間行動。』然後，你必須告訴你墨西哥人的那一面：『請瞭解美國人是像這樣的行動。』然後，你就能在兩種不同的時間之間往返轉換。」洛培茲說這種轉換，已經變成許多提華納-聖地牙哥通車族的第二天性。

時間的課程

洛培茲證明：人們對於自己不熟悉的時間模式，照樣可以精通。當然，大多數文化旅遊者寧可避免洛培茲在精通多元時間模式之前的五年實地考驗。為了簡化這個過程，我們可以依照教導語言的方式，教導其他文化的時間感及基本要素嗎？事實上，諾頓和她的芝加哥研究實例在這方面已開始有一些收獲了。

她的時間觀訓練計劃並非獨一無二。以色列或許是人口多元性可以和美國比美的少數國家之一，本古里昂大學一位心理學家本巴如屈(Ephraim Ben-Baruch)及馬利茲(Zipora Melitz)等人設計了一套教學，專門訓練來自第三世界的兒童適應以色列主流生活的步調，目前已成績斐然。他們的計劃是以二十種範圍廣泛的活動，教導這些兒童八種基本時間觀念。許多題材讀起來彷彿是皮亞傑學派(Piagetian)的補習課程。例如，有一組活動是教導「之前和之後」的觀念。在這個部份，兒童學習的主題，從如何準備簽到卡到瞭解主流文化如何區分過去、現在及未來等各種觀念。另一部份「日與夜」則教導主流文化如何區分白天與夜晚的各段時間(早上、中午、傍晚、夜間)，以及發生於這些時間範圍內的各種活動的順序。第三部份則教導一星期當中每天的不同，以及對每一天的不同期待。

其他部份著重於比較不易捉摸的時間觀念。在一系列的活動中，兒童學習時間持續長短的觀念。例如，他們每天執行扣襯衫及綁鞋帶的活動，然後要估計每項活動所花費的時間，比較其長短。之後，他們要學習持續得再久一點的時間問題：種子發芽需要多少時間？爬上樓梯再滑下來需要多少時間？長大需要多久？再接下來的練習，則教導同步發生的觀念——有些事件相繼發生，有些則同步發生。最後的三個部份著重於不同的時間流動型態：循環式時間、直線式時間，並且瞭解時間是一種有限的存在。為了解釋循環式的時間觀念，學生要了解諸如假期及自然的周期，及這些事件如何依同樣的順序一再地發生。藉由瞭解時間是循環性的，他們也明白時間是可轉換的：春天將會回來，生日聚會還會再來，明天是新的一天。接著，他們要學習比較「不自然」的直線式時間觀念。對他們而言，這通常是比較困難的，因為他們很多出生於傳統的貝都因游牧家庭或來自其他沙漠或村莊背景。為了瞭解直線式時間，他們要研究通常不重覆、「只往一個方向流動」的事件。他們會逐漸瞭解：直線式時間觀念為什麼需要瞭解開始、持續及結束。在最後一部份的練習中，他們要學習時間是一種有限的存在。

諾頓及本巴如屈的課程也教導兒童一些時而醜陋的現實：優勢文化的許多工作是他們必須在規定且有限的時間內完成的。藉由幫助兒童面對諸如時間限制的觀念，他們會讓兒童瞭解在這種新文化中，任何無法掌握時鐘的人都可能會被標示為失敗者。

諾頓及本巴如屈所設計的計劃，主要是幫助步調較慢的自然時間文化，如何面對步調較快的鐘錶時間文化。但是，就算你是往相反的時間方向移動，由快到慢，你一樣可以受益於時間模式訓練。我們可以提供什麼原則給「時間就是金錢」的信徒，以幫助他們適應洛培茲的墨西哥時間感呢？如果你無意旅遊到外地，但卻想增強一下自己的時間知識庫，想瞭解一下其他時間模式，以便利用其他時間觀使自己的生活更充實的話，又該怎麼辦呢？我們能為沈默的時間落以言詮嗎？相信鐘錶時間的人，如果希望瞭解比較慢速文化之時間邏輯，可以利用以下一些課程。

第一課：學會闡述約會時間的意義

當你和一位教授有約時，何時抵達才適當？若你約見的是政府官員呢？若是聚會呢？你應該如何估計其他人何時抵達或會不會來？當一堂課排定在十點開始時，老師應該在什麼時間開始登記學生遲到？遲到的嚴重性應該如何評量？何種遲到的藉口或辯白是可預期的或可接受的？一堂課應該多準時結束？遲到或準時抵達是否含有任何社會訊息？舉例來說，會不會遲到表示是大人物，而準時則表示無足輕重？（如墨西哥式的嘲諷：「你和清潔隊員一起來的不成？」）當客人遲到或準時到達，主人應該會有何種反應？大家有意識到自己應該為遲到一事負責嗎？

許多這類文化規則是可以學習的。外來者應該尋求指點，瞭解在各種可能發生的情況下，當地對準時的期待或容忍範圍。你可以學習將美國時間，翻譯為各種時間情境，例如墨西哥時間，巴西時間、印地安時間、有色人種時間、彈性時間，等等等等。你可以預先準備好：在何種重要情況下，你和主人的準時觀念可能會不一致。例如，你被派到沙烏地阿拉伯工作。開始工作的第一天，你滿懷期待地抵達。但是，當約定的那幾個人在會面時間半小時之後仍然還沒有出現時，你很快就為沮喪所籠罩。你被排拒了嗎？在你收拾行李回家之前，瞭解三十分鐘在沙烏地阿拉伯的意義，不同於在美國的意義，或許就可以省掉你這個麻煩。在美國，估量約會準時主要時間單位通常是五分鐘。然而，在傳統的阿拉伯文化做客時，你應該知道相對的時間單位是十五分鐘。如果一位阿拉伯人按照你的時鐘晚了三十分鐘，其實按照他自己的標準，他只遲到了十分鐘。你應該願意為他等待三十分鐘或更久，否則他會覺得受到侮辱。

學習訂定約會，也可以讓你從中明白一個文化的習俗。這方面的根本文化衝突往往可歸納為一個問題：是正確的訊息重要？還是重視別人的感覺重要？就這一點而言，我就曾經處理得不夠得體，並且付出代價。例如，在我接受巴西的工作之前，我問我未來的雇主，是否能替一位想和我一起去的朋友找個工作。她回答說：「Não tem problema」（絕對沒有問題）。這個答案後來成為我很熟悉但毫無意義的老調。抵達巴西之後，我再度問及我朋友的工作。我的「老闆」打了一通電話，潦草地寫下一個名字及地址，並告訴我們第二天早上九點正在她辦公室大樓外面等，她的司機會載我們去面談。我們覺得她很夠意思。只是，她的司機一直沒有露面。隔天，同樣的情景又重演了一遍。我們對她大感不滿，尤其是她連道歉的意思都沒有。我們決定自己處理這件事，開始詢問其他人脈似乎很廣的人是否能替我朋友找個工作。每個人都很快、很熱忱地保證他們正好認識適當的人。Não tem problema！每個人也都說他們的司機會載我們去。但是，從來沒有任何一位司機出現。大約經過五次這種差錯之後，我改變了策略。下一次當我又得到「絕沒問題」的答案及例行的司機服務之說時，我以美國式率直解釋：如果他們無法幫忙的話並沒有關係，但是直接告訴我「不」的話，會比讓我第二天一整個早上都在等待不會出現的司機要好得多。我們同事顯得很不高興，一副被侮辱的樣子。他回答說：「但是，勒范恩博士，我不是告訴你我認識能幫你朋友忙的人嗎？」然後，他斷然地說Não tem problema！這是我聽過最悅耳的一次「絕沒問題」。然而，結果還是一樣：沒有司機、沒有工作、沒有道歉。

當我們向一位巴西朋友述說這番沮喪的經驗時，他指出我一再重覆的錯誤：不知道「是」往往表示「不是」，並且不明白對巴西人而言，顯得熱心助人及殷殷有禮比履行時間約會更為重要。接著，他責怪我為難我的同事，因為我所提出的要求使他們陷入既不能拒絕也無法兌現的窘境。拒絕我的要求，既顯得無禮又顯示他們的無能為力。失約則只是一樁比較嚴重的遲到事件，是巴西人頗能接受的行為。而且，在巴西，人的感覺比正確的訊息來得重要。

布里斯林(Richard Brislin)提到他跟一位日本朋友的類似經驗：「『是』往往只是『你這個主意很好』的另一種說法。我有一位日本女同事…當我對她說：『星期五中午在楓葉花園餐廳開工作會議，可以嗎？』她說：『楓葉花園餐廳，真好的選擇！』這到底是『是』(可以)還是『不是』(不可以)？從我的觀點而言這個答案是『是』。但是，從她的觀點來看，她只是在告訴我說我選擇餐廳的品味很好。她並沒有答應要去。往往，『是』表示『不是』、『不是』表示『是』，是保持良好關係的方法。」

誤解彼此的沈默語言往往會導致文化衝突，而將立意良好的行為歸疚於性格的瑕疵。例如，西方生意人經常斷言日本生意人不可信賴，認為他們是雙面人、不誠實、不值得信任，不履行會議桌上所做的承諾。另一方面，日本往往把這些指責解釋為西方人缺乏社會敏感性的證明：西方人不是太疏懶，就是無能解讀「是」、「不是」及沈默的意義與社會功能。

許多這類問題是可以避免的，對目標文化有真正瞭解的人，可以就約會與準時定出各種不同情況下的安排，並且懂得以「局內人」的眼光來解釋這些安排的合理性。

第二課：瞭解工作時間與社交時間的分野

工作時間與下班時間的關係是什麼？有些問題很容易回答：工作天的工作時數是多少？工作週是如何組合的——五天工作日然後兩天休息日？或工作六天休息一天？或工作四天半休息兩天半？或是其他情形？休假日共有幾天？是如何安排的？

有些問題則比較難以掌握。例如，一個工作日有多少時間是花在實務工作上？多少是在社交、閒聊及表示友善的活動上？對大都市的美國人而言，常見的比例大約是八十比二十：百分之八十的工作時間是在實務工作上，百分之二十在聯誼、閒談之類的活動上。但是，許多國家有非常懸殊的比例。在印度及尼泊爾之類的國家，你必須有心理準備，這種比例接近五十比五十。

當你在日本時，工作與社交時間的分別往往沒有意義。在日本，工作日也具有強烈的社交成份，社交時間則是工作中重要的一環。事實上，工作團體的和諧才是最重要的目標，其重要性同時超越了這兩種時間。因此，忠誠的日本員工瞭解：在繁忙的一天當中，坐下來和同事喝杯茶或下班後留下來喝幾杯啤酒和看場球賽，是工作中相當重要及有利益的一環。私人時間對日本人並不是很重要，雖然美國人相信這是人權法案賦予他們的權利之一。想博人一笑嗎？試試向日本的企業人解釋當今美國人所要求保障的「私人日」假期。

不瞭解當地文化關於工作與社交時間的平衡，或不想與之苟同的外來人，很快就會發現自己被孤立了。

第三課：學習等待的遊戲規則

當你來到外國文化的地方，一定要探詢他們有沒有什麼特別的等待遊戲規則。他們的規則是否基於時間就是金錢的原則？在何種情況下，誰應該等誰、該等多久？某些人是否有等待豁免權？在何時及何地按兵不動是適宜的選擇？排隊等待的規則是什麼？這是井然有序的過程，或是和印度一樣，你推我擠亂成一團的場面？花錢買前面的佔位是否有一定的程序，或是完全不可行？違犯既定規則的社會訊息是什麼？除非你學會這些規則，否則會像一隻外國水牛般艱苦地耕耘地主國的時間田野。

第四課：學習重新闡釋「無所事事」的意義

你的主人如何看待及處理停頓、沈默或無所事事的狀況？長期忙碌是一種受人羨慕還是憐憫的特質？無所事事是浪費時間嗎？浪費時間這種說法或觀念到底存不存在？什麼事都沒發生呢？什麼事都沒在做呢？生活在一個像汶萊之類的國家，每個人每天第一句話就問「有什麼事是今天不會發生的」，會像什麼樣子？

你也許有機會發現：沈默地坐在一起、完全沒有計劃、只是坐著等看接下來會發生什麼，是一種很奇特但很輕鬆的經驗。而且，更有意思的是：最後你會很確定必然會有事情發生。你可以從日本人身上學到事件之間的空隙和事件本身一般有意義。西方人大都傾向於事物的安排，日本人另把重點放在「間」的安排。「間」的觀念指出中途的停頓和最終目的一樣有意義。舉個例子來說，日本花園設計中的踏腳石，使觀賞著必須停下來、往下看，然後再往上望；因此，每走一步都帶來不同的觀點。如同西方藝術家施那貝爾(Artur Schnabel)對自己藝術的觀察：「音符之間的延長符號——啊，正是這種藝術的所在！」

一切有意義的活動必定都有一段潛伏期嗎？如果你去中國大陸，你將會發現等待期不僅是為了得到正確時機所必須忍受的延緩，並且被推崇為這個時機的創造者。

第五課：探詢既定的順序

每一個文化對事件的次序都有所規定。當地規則是先工作後玩，還是正好相反？當地人的睡眠時間全都在晚上，或是下午有午睡的習慣？在談正事之前，必須先喝喝咖啡或茶並交際一番嗎？若是如此，這個過程應該多長？當地文化對長期事件的順序也有一定的習俗，例如，社會所認定的兒童期有多長、他們何時要開始承擔成人的責任？

誤解既定的順序可能使訪客陷入嚴重的麻煩。愛情與親密關係是特別難以捉摸的情況之一。即使是在自己的文化，順利地度過親密關係的軌道也是很困難的事。跨過文化邊界，這變成滿佈地雷的領域。何時可以從這個情感階段進展至另一階段?何時該由約會變為專情關係?這類提示往往有很大的文化差異。例如,在美國,許多年輕的女性認為有了某種肉體關係事件之後,一般約會關係才轉變為專情關係。這種事件不一定是性交,但至少必須有某種程度的觸摸、牽手及漫長的熱吻。但是在許多其他文化中,例如日本、以色列及台灣,肉體關係事件並不是必要的。因此,當一位年輕的美國女性在這類國家和一位當地男士建立非肉體性關係時,她自然會假設這是一樁很好的純友誼或職業上的關係。但是,她會很驚訝地聽說整個鎮上的人都在談論她和這位男士有親密關係的花邊新聞。依照她自己的想法,根本還沒到成立這種關係的時間,因為肉體關係事件尚未發生。但是,對其他文化的人而言,肉體關係並不是認定兩人已經相當親密的必要條件。

萬一你涉入長期的親密關係,你應該留心既定順序事件可能不易處理。在美國,絕大多數的人相信浪漫的感情(所謂「真正」的愛情),是婚姻的必要條件。但是,這並不是放諸四海的標準。在一項最近的調查研究中,我和同仁詢問十一個國家的受試者:「假設某人具有一切你所期望的條件,但如果你並不愛他(或她),你會和這個人結婚嗎?」在美國,大約百分之八十的男性及女性都斷然回答「不」。然而,在其他國家,拒絕沒有愛情之婚姻的百分比低了不少:印度是百分之二十四,泰國是百分之三十四,巴基斯坦是百分之三十九,從這十一個國家的整體來看,我們發現來自個人主義(相對於集體主義)文化的人,偏向相信愛情是婚姻的前奏。來自經濟良好之國家的人也是如此。這兩項特徵(個人主義及經濟富足),也和我們三十一國研究中的快速步調生活有關,這也許不是單純的巧合。

大多數文化都相信某種形式的愛情。但是，大多數也假設愛情是婚姻承諾的產物，而不是相反的情形。畢竟，在知道和他（或她）生活在一起的情況之前，你如何能真正愛一個人？而且，你不覺得根據情緒性反應而做終生的安排有些荒唐嗎？傳統上基於家族間經濟安排而決定婚姻的文化（這也是世界上絕大多數的文化），愛情發生在婚姻後的假設特別普徧。在一項包括八百五十個不同社會的研究中，人類學家柏桔格能(Erika Bourguignon)及格林柏(Lenora Greenbaum)發現：百分之七十以上的這些社會，具有某種形式的聘金或嫁妝或其他財物交換方式的習俗。（在許多國家，這類安排變得很昂貴。例如，在利比亞，新娘的父親原本會要求大約三千五百美元現金及一隻駱駝、羊和一些金幣才可讓女兒嫁出去。隨著利比亞石油財的驟增，新郎的家庭投注三萬五千元的聘禮在目前已經不算希奇了。有些人擔憂：許多利比亞婦女將因而成為婚姻市場上沒有人買得起的高價品了。）

何時該結婚？何時可墜入情網？答案視你的所在地而定。但是，明智的旅行者最好在涉足過深之前先知道一些答案。

在結束「何時該……」原則的討論之前，我必須提及另一項很難應付的文化誤解：從「外人」發展為「圈內」身份所需的時間。你應該預期自己會被視為外人多長一段時間？你也許會發現自己受到很好的待遇，但是主人執意保持距離的態度仍然讓你有挫折感。最重要的是，你要覺知每個文化接納外人為內團體份子的時間標準不同。在習於大量移民的一些美國地區，這種等待的時間會比在日本短很多。在組織緊密如日本的文化中，外國人覺察到自己的外人身份是不可改變且永久的。（在日文中，「外國人」一詞寫為「外人」，意為外面的人。即使是從法律的觀點來看，任何移民都幾乎不可能拿到日本國籍——或許除了少數幾位著名相撲選手之外。）你必須對這種時間需求有所準備。

第六課：當地人過的是鐘錶時間或自然時間？

這也許是所有原則當中最難捉摸的。根據前面的五項課程，相關的文化原則往往可以用相當具體的方式加以詮釋：某一特定情況下認可的準時範圍、花在交際上的工作時間比率、誰應該等誰、在回答之前持續多久的沉默會使「是」表示「不是」，甚至暗示外來人何時該做何事的線索。但是，從鐘錶時間轉移到自然時間，則要全然轉換意識型態。這包括註銷工業化社會關於時間的金科玉律：時間就是金錢。對於受此原則薰陶的多數人而言，這種轉換是一大挑戰。

然而，外來人可以學習了解在自然時間文化中可能遇見的一些行為。例如，布里斯林描述訪問教授經常碰見的一個場面：「假想你和一位非常穩重踏實的學生約好十一點半面談，他總是按時間交研究報告，並且攻讀學位的進度非常好，必定能準時畢業。可是有另外一位學生，一直遲遲想不出論文題目，且在研究所的成績有許多B和C……十一點二十五分時，這位學生走進來說：『教授，我終於想到一個主意了，我終於有一個可能行得通的論文題目了！』誰比較需要我們的時間——約好十一點半來的那位學生或是十一點二十五分出現的這位學生？我們的時間應該屬於誰？」

在諸如美國的鐘錶時間文化中，約好時間的那位學生顯然有優先權。但是你如果在一個自然時間文化中，你要有心理準備，不速之客隨時會出現並要佔用你的時間。「我很樂意在自然時間文化中工作，」布里斯林說：「我只是希望有人告訴我我們到底在哪一種時間（自然或鐘錶）內活動。我只有這一點要求。」

由單一事件文化（一次只要安排一項活動的文化）轉移到多元或綜合事件文化（在多項活動間來回轉換的文化）時，你也可以應用同樣的原則來預估你的狀況。在一個多元事件文化中，當你的主人不再專注於你們眼前的議程或事件時，不要覺得他在侮辱你。這只是文化期望的作用而已，不要把它放在心上。事實上，對多元事件文化人而言，如果有意外事件插入，卻不把注意力轉移過去的話，是很無禮的事。何況，他們以為你也具有多元事件文化的彈性。否則，你可以預期自己被視為社交莽夫、差勁的團隊份子及無效率的員工。

第七課：實習

對時間模式的知識性瞭解，並不能保證成功的轉變。你可以牢牢記住其他民族的時間規則，可是，當你碰到真實的情況時，你可能依然完全束手無策。如同城市人的一句俗話說：「他能言善道，但是，他做得到他所說的嗎？」有心的旅行者應該尋求機會，模擬實地狀況。一些極具創意的老師設計了相當詳實的訓練計劃。例如，東西文化中心（East-West Center）的人類學家崔馮諾維屈（Greg Trifonovich）曾經建造了一個模擬村莊，訓練和平團（Peace Corps）的義工及教師來面對太平洋地區的鄉村社會。崔馮諾維屈所教導的行為之一是：如何不依靠鐘錶時間生活。例如，他告訴學員如何以觀察太陽及潮水的方式辨別時間。不論使用何種技巧，你都必須體會到：掌握時間語言需要反覆地練習並從錯誤中學習。

但是，你可以確信你的努力是值得的。跨文化訓練可以培養各種不同的正面技巧。例如，研究顯示，做好跨文化接觸準備的人，碰上具有混合文化背景的人就容易建立比較良好的工作關係。他們也比較瞭解並善於解決所遇見的問題。而且，他們在其他文化所從事的工作都比較成功。此外，他們和當地人的工作與社交關係都比較愉快。他們在跨文化環境中的經驗比較自在、安適，並比較能喜愛他們的海外任務。比較機伶的跨文化學員似乎也對不同國家的生活與時事產生較為廣泛的興趣與關切。換句話說，他們具有較廣的「世界觀」。

第八課：不要批評你不瞭解的事物

最後，一條關於觀察文化的通則：文化學員最難避免或逃脫的陷阱，就是推斷一件事情的意義。文化行為對當地人及外來人有非常不同的意義，這幾乎是定律。當我們將一位巴西人的怠緩歸因於不負責任，或將一位摩洛哥人的轉移注意力歸因於缺乏集中力時，我們的態度其實是輕率的，並且展現出心態狹隘的民族優越感。社會心理學家稱這類錯誤的闡釋為「根本歸因錯誤」(fundamental attribution error)。在解釋他人行為時，人們普遍有低估外在情況的影響，並高估他人內在性格特質的傾向。例如，當我目睹陌生人發脾氣時，我推論他們一定是易怒的人。當我自己發脾氣時，我把事情歸咎於狀況——或對方很令人討厭，抑或情況令人忍無可忍。畢竟，我知道我很少發脾氣，所以，一定是特殊的情況點燃了我的怒火。

根本歸因錯誤的一項重要因素是：你對評論對象的瞭解程度到底有多少。你對他愈是不熟悉，你愈可能會把一些狀況歸因於他的內在因素。當我們進入異國環境時（照定義是「相異的環境」），時，根本歸因錯誤是早晚必然會發生的狀況。

謹慎的觀察者不妨參考克里福特•傑慈（Clifford Geertz）的建言：「文化分析是（或應該是）：推測一些意義，再評估這些推測，再從比較好的推測中尋找出具有闡釋作用的結論。」如果對一個文化背景缺少徹底的瞭解，我們可能對此民族的動機有錯誤的闡釋。衝突將成為不可避免的結果。

時間的大河口

如果有辦法轉移到另一種生活步調的意識層面（不論方向為何），你都會有許多利益。當生活在自然時間裡的人懂得加速契入以時鐘為動力的生活步調時，他們就打開了通往原本遙不可及的財富與成就。當生活在鐘錶時間裡的人必須適應慢步調文化時，如果他們能調整自己的時間意識，進入一個人際關係比事業成就更重要、事件總是被允許自由發展、大家樂於給時間一點時間的意識型態，又有什麼好痛苦的呢？掌握時間，學習如何「生活在時間中」，是一種主控的經驗。掌握異國文化的時間觀，其本身就是一種報賞。

紐約心理分析家奧特曼(Neil Altman)是一個很好的例子。他曾經是和平團的義工，服務於印度南方。奧特曼描述他抵達印度那一刻就覺察到生活步調的緩慢——一種時間停止不動的感覺。「在加爾各達機場下了飛機之後，我進入一棟沒有人在移動的小建築物——事實上那是機場大廳。好幾位拿著小掃把的情潔人員在那裏，但他們只是站著不動，用他們的大眼睛看著我們下飛機走向機場大廳。吊扇在溼熱的空氣中慵懶地轉動著。一種走出時間之外的感覺油然而生。時間似乎停止不動了。不僅任何事物都似乎靜止不動，因為緩慢的步調及各種機器的消失，使得我內心產生一種時間的延續感。這是一種你哪兒都不去了的時間感覺。」

奧特曼回憶道，整整一年之久，他都覺得生活步調靜止的情境很難以適應：

起初，壓迫感很大，因為你置身於讓你覺得不安全的陌生環境。經過一年之後我才擺脫掉那種「我必須使某些事物發生」的美國文化心態。在印度的第一年，我懷著找事忙的決心，在每個人都午睡的時候踩著腳踏車四處逛，結果我被列入「瘋狗與英國佬」的級別——這兩者是太陽高照時唯一在室外活動的動物。身為美國人，並且是相當執著的美國人，我最初的策略是藉由做到某件事、完成某件事的成就感而建立安全感。我必須以達成目標的過程來填滿我的時間。但是，和生活在不同時間中的人打交道帶來很多的焦慮。例如，當你問說：「那麼，我什麼時候可以去你的田裏找你談談種植蔬菜的事？」他們回答說：「四點鐘。」然後，當你四點鐘到那兒時，他們根本不在，因為他們根本沒有「遵守時間」的習慣。於是，你變得焦躁不安，因為你努力地想完成某件事，而他們卻不合作。

然而，經過第一年之後，奧特曼不僅和地主國的時間觀念妥協，尚且開始享受它的樂趣：

到了第二年，我鬆弛下來，並徹底覺悟我必須學習如何在印度村莊生活。由於那兒沒有電話，我經常會在早上起床之後就騎好幾英里的路去會見某位農夫。到了那兒之後，他通常是不在家或「很快就會回來了」——這很可能是指明天。到了第二年，這種事件不再讓我有失望的感覺，因為我已經不期望達成任何事情了。我只是去當地的小茶館坐下來，見見新來的人，或只是看看動物、小孩及來來往往的各種人與事。然後，也許我原先計劃好之外的事會發生，也許什麼事也沒發生。會經過我的手完成的事自然會找上門來。到了第二年，印度時間已經成為我內心的一部份了。

諷刺的是，奧特曼發現：在他目前的生命領域中，他的心理分析師工作受這段印度時間經驗的影響最大。

我時常借重我內心的印度自我，來執行心理分析師的工作。在我的經驗中，心理分析的時段，自成一個文化，如同一個印度村莊的文化。你必須以開放的態度接受任何意外，來進入一個治療時段。病人及醫師的期望、對任何特定結果的執著，都會影響治療的過程。重要的是要能隨順治療時段的發展「安處於此時此地」，儘量不因為冀求現在並未發生的狀況而分散注意力，專注於現在的狀況。我相信這就像心理分析師畢昂(Wilfred Bion)所主張的「不具記憶及欲望地進入每一治療時段」。有趣的是畢昂本人出生於印度。我相信：預訂治療目標，如同計劃在印度如期達成某件事一般徒然無功。如果你打算繼續當一位神智健全的心理分析師，就必須帶著幽默感看待「你將依照一定的計劃與時間表改變一位病人」的期許。就此而言，生活在印度時間中使我成為一位比較稱職的治療者。

奧特曼的故事，生動地闡明雙重文化的一點：時間意識的利益。在結束本章之前，我想指出熟知另一文化的時間系統，可以發展出一種超越雙重時間觀及彈性的意識型態。洛培茲在敘述他身為墨裔美國人的通車文化時，主張他們這一群時間的旅者不僅精通兩種文化的時間觀，還開展了自己獨特的時間感或時間意識，並成為他們這一種名之為「河口文化」的次文化的特質。在自然界，河口是一條河流寬廣的出入口，是潮水流入處，是河流的淡水與海洋的鹽水互相混合的區域。洛培茲觀察道：「在一個河口，大自然創造了一套機體，它們既不是這一邊也不是那邊的產物，而是全然不同的產物。同樣的，居住在提華納邊境的人具有這種河口時間。這既不是墨西哥時間，也不是美國時間。這是一種不同的時間。墨裔美國人既不是墨西哥人也不是美國人。他們依照他們自己的一套規則生活，並且擁有他們自己獨特的價值觀、時間觀及生活步調。」

怎麼可能不是如此呢？如同史賓格勒（Oswald Spengler）曾經所寫的：「文化與文化的不同，在於其本能地賦與時間不同的意義。」當一個新文化誕生時，一種獨特的時間感也隨之誕生了。

第十章 注意你的時間，注意你的心

我們如何組織及利用時間，最終將決定我們一生的特質與品質。人生，不過是學習如何主控時間的過程。

研究其他文化，最能有效激發對自己文化的研究。托克維爾以降，外來者的超然角度不時能使我們以清新的客觀角度來回頭看待我們的家鄉。十九世紀法國作家托克維爾對美國人的時間感就提出獨到的看法：「他們老是匆匆忙忙。」跨文化心理學家史托提（Craig Storti）則觀察道：「一般而言，旅遊者，即使是一般的觀光客自海外回國後，對自己國家的瞭解，往往甚於方才訪問過的國家。」

對大多數時間的旅者而言，跨文化知識的深遠影響在回國後的生活才開始。一旦他們瞭解時間有其他不同的結構之後，各種新的可能性就展現出來了。在某些場合下，轉換到自然時間是否比較健康的選擇？我必須老是如此忙碌嗎？何時可能受益於無所事事？在最後這一章中，我要提出幾項建議。

安息日的道理

我從自己的猶太教文化根源，繼承了強調嚴密注意時間的哲學。猶太教稱得上是一個時間的宗教。它重視歷史及事件——出埃及記等《摩西五書》的示現——甚於其他。例如，先知教導主的日子比主的殿堂更為神聖。猶太聖典的架構，主要是時間背景而不是空間背景。《猶太法典》的首句就是「自何時起」，《摩西五書》起頭就是以「太初」開宗明義。

嚴謹的猶太教徒謹守一系列的時間性儀式。一天的計劃必定配合祈禱時間。男嬰在出生後第八天接受割禮。男女成年禮暨聖誡領受禮在十三歲舉行。傳統的一年服喪期有嚴格的時間表：前七天的規矩和第一個月的不一樣，第一個月的又和其餘十一個月的不一樣。猶太年曆也指定有八天要燃漢努卡(Hanukkah)臘燭、六天戒食、八天只吃未醱酵麵包。波格瑞賓(Letty Pogrebin)如此談論她的猶太教習俗：「這提醒我們這一天算或不算。計算本身就代表意義：一個人不會計算他不珍視的。」連曆法也拒絕被視為當然。現代的猶太人活在兩組日期中。根據格雷果里陽曆曆法，我是在一九九七年走筆至此的，但是，當我走進猶太教堂時，這裡的時間是以希伯來陰曆曆法測量的，我所處的年份是五七五七。

安息日是猶太教對時間覺知的精髓所在。《創世紀》中提到「上帝淨化第七天使它成為聖日」。上帝投注六天創造天地，然後，在第七日，這項工作完成了——藉由神聖時間的創造，而非聖地的建造。雖然世界是在前六天創造的，它的存續繫於第七日的聖淨。「第七天所創造的是什麼？寧靜、沈著、平和及安詳。」猶太哲學家賀歇爾(Abraham Herschel)對安息日有生動的記述。他觀察道：「一星期當中的六天，我們試圖主宰世界，在第七天我們試圖征服自我……時間及勞力的動盪大海中，存在著人們可入港重獲尊嚴的平靜之島。這個島是第七日——安息日，是放下事物、謀略及俗務而關切心靈的一日。」

安息日並非生活插曲，而是生活的尖峰。根據猶太教傳統，第七日是時間的宮殿。它是我們建造的避難所——時間的避難所。賀歇爾稱安息日為上帝送的時間禮物。（「我已給予你們某件屬於我的東西。這是什麼？一天的時間。」）這是真正的時間——我們生活在其中的時間。安息日是我們可以心無旁鶩地當時間主人的機會。「勞動是一種技能，但是，完美的安息是一種藝術，」賀歇爾認為。而且，「時間是上帝在世間的示現。」

安息日儀式也可以引伸到比較長的時間區隔。《摩西五書》論及每隔七年就是安息年。在聖經時代，「安息」意指停止一切農業活動（及未償清的債務）。今天，尤其是在我所屬的學術圈，它指的是放鬆及恢復精神的時間。此外，《利未記》規定每五十年——七個安息年周期結束時——是神聖的「五十年節」（Jubilee，類似天主教的大赦年）。在歷史上，五十年節宣告多種活動的失效：這時土地應歸還給原擁有者的子孫，所有抵債被售為奴隸的以色列人皆重獲自由，且如同安息年一般，土地停用一年。不幸的，五十年節的理念已不受擁戴。或許，我們應該以五十歲生日的形式復興這個理念。我們可以頒定五十年節是我們停止生產、駐足省思過去、思量未來，還有，最重要的，把自己交付給時間的機制並靜待它的演變。這必然勝過所謂「五十危機」的喧囂。

當然，猶太教並不是唯一注重時間的文化傳統。居住於瓜地馬拉高原村落的基切（Quiche）印地安人，擁有我最喜愛的時間文化之一。基切人是瑪雅人的後代，並繼承了瑪雅人卓越的測時傳統。在西班牙人征服拉丁美洲時期，瑪雅曆法是全世界最進步的曆法之一。事實上，在許多情況下，瑪雅人的測時技術比歐洲征服者更精確。但是，瑪雅人和歐洲人的不同在於他們注重時間品質——時間的生活意義——甚於時間的長短。

基切時間文化最有趣的層面是，他們深切關注每一天的特質。日子不僅具有專有名稱，而且非常莊嚴的名稱。當基切人直接提到某一天的時候，他們會在這一天的名稱之前加上敬語〝ajaw〞——意思相當於「向您問安」。基切人相信每一天都有它自己的「面貌」，一種屬性、一種性格，引導著每位個人的生活過程，但其影響因人而異。解讀曆法可幫助瞭解每日的屬性。可是，這需要相當專精的知識。基切人使用兩種年曆——三百六十五天的世俗曆及兩百六十天的宗教曆。後者是車輪形狀，首尾不分。曆輪上的每一天都有名稱、屬性及數字，不同的組合代表不同的意義，並且因情況而變。基切人仰賴專家預測事件。在基切語言中，這種專家稱為「阿吉奇吉」，意為「看守日子的人」。基切人認為「看日」是一種神聖的任務，「看日者」具有祭司及巫師的雙重地位與尊重。他們直接與神祇溝通，幫助凡夫俗子決定如何面對每一天。

「看日」的預測作用使其類似占星術，予人不合科學之感。「看日」是否合乎科學與其價值為何，都是有待商確的問題。但是，基切人給予我們一則更重要的訊息是：他們深入、謹慎地思考每一天的意義。星期一不過是一星期中的一天的想法，根本不成立。對典型的盎格魯系歐洲人而言，大多數日子在時間上的挑戰是：如何使每一剎那都富於生產力。對基切人而言，這種挑戰更微妙一些：解開應該如何度過每一刹那的謎底。

根據耶路撒冷黛比・魏斯曼(Debbie Weissman)教授的意見，「《摩西五書》的要義是教導我們如何明智地使用我們在地球上有限的時間。」基切人的時間也是如此。

生活在中庸時間的重要

旅行，不論是以觀光客或跨文化心理學家的身份踏上旅程，都可以教導我們中庸時間的美學：找尋快與慢、自然與鐘錶時間、上班與下班時間之間的平衡。時間緊迫感強烈的工作狂，如果能走一趟散漫的文化旅遊返家，他們八成會發願放慢時鐘支配的生活步調。作家伊娃・霍芙曼(Eva Hoffman)遷居過不同文化區域：兒童期在波蘭、青春期在加拿大、成年期在美國。她在描述自己如何調整適應的過程中，補捉了力求中庸時間的意義：

> 我想：心理的歡樂蘊藏在時間的道路中，一如生理的痛苦或滿足沿著神經的通路而來。當時間受到擠壓或緊縮時，它會遏抑歡樂；當它四處渙散時，自我又化為無所覺知的冷漠。真正的歡樂存在於中庸之道的時間之中，在不急不緩的時間之中。

社會心理學家強納森・費利曼(Jonathan Freedman)及唐納德・艾德華斯(Donald Edwards)的實驗，肯定了霍芙曼的觀點。費利曼和艾德華斯發現，歡樂和時間的關係像一個倒轉的U字。最大的歡樂經驗，發生於中等壓力層次。太多時間負擔可能造成壓迫感，太少則會導致無聊。他們發現時間壓力和工作表現也呈現倒轉的U形關係。再一次，最佳工作表現發生在中等程度的時間壓力。

心理學家齊珍米哈里在美國的研究指出：完全沒有時間壓力的人是最不快樂的人：

在我們的研究中，對單身又不上教堂的人而言，星期日上午是一星期中的最低潮，他們由於無事可忙而覺得無所是從。在其他的日子當中，他們的精神能量導向外在的例行事物：工作、購物、喜愛的電視節目，等等等等。但是，星期日上午吃完早餐、翻完報紙之後，還有什麼事可做呢？對許多人而言，這些缺乏結構的時間是一種折磨。

人們是在介於壓力過多及過少之間的中間區域，契入第三章述及的「入流」經驗，齊珍米哈里要求研究對象配帶呼叫器，以便追蹤。他頻繁地詢問他們正在從事的活動以及他們的感覺。他發現當人們在從事涉及挑戰程度適中的技巧性活動時，他們的感受報告是最良好的。同時從事太多活動的人通常過於緊張疲勞。完全無所事事的人則只有少許的入流經驗及樂趣。許多現代心理學家相信入流經驗是快樂及滿足人生的關鍵。研究顯示入流經驗不只使人歡樂，還能有很大的能量，可提升自尊、能力及整體的安適感。

各位可以看出：我自己的研究也導引出快速步調生活的綜合後果。生活在比較快速環境中的人，比較容易蒙受有害程度的壓力，因而比較容易罹患冠狀動脈心臟病。但是，他們也比較可能具有舒適的生活標準，並因而（至少部份如此）對整體的生活感到比較滿意。費利曼、艾德華斯，以及齊珍米哈里的研究，論及一種不同的心理滿足領域。他們研究關於人們在做某種工作當時所感受到的快樂及壓力。我們的研究則是關於人們對整體生活的感受。然而，他們的研究和我們的一樣，顯示時間壓力好壞摻雜的結果。和時鐘賽跑的工作方式不一定會造成心理壓力，缺乏時間壓力也不一定令人感到輕鬆。適當程度的時間壓力才能使人活力充沛、身心愉快。

最近一項針對持續承受工作時間壓力的父母的研究結果，也支持上述這種好壞摻雜的論點。加州大學厄汶分校的格林柏格(Ellen Greenberg)等人，觀察一百八十八位有五至七歲孩子的父母的親職行為。他們發現這些承受高時間壓力的父母之間，對家庭需求的反應相互差異很大。許多人遵循典型的行為模式：筋疲力竭地回家後，以嚴酷的態度對待親人。然而，另外一些工作同樣複雜、具挑戰性及激勵性的人，在家裡的行為反而比較親切、敏感，並且有時間彈性。這些發現也支持了我們的研究結果：對一個人的生理及生理健康而言，如何平衡工作與工作之外的生活步調，其重要性可能遠高於只是選擇從事高壓力或低壓力工作的單一因素。

當然，中庸時間並沒有一定的標準。找到合乎個人及特定活動的理想壓力範圍，是一件艱難的工作，也是一種微妙的生活藝術。我個人則發現：建立時間警報(temporal governor)，是保持在中庸時間範圍之內的有效辦法，也就是一旦自己超越了理想速度的範圍，可以設立一個反饋警告訊號。有時候，這類訊號可能完全突如其來。以我自己為例，口吃的老毛病是最顯著、最可靠的警報。當我說話速度過快時，就會口吃。我絕對不想建議任何人把口吃當做一種新技巧（誰需要！），但是，我這項障礙卻很自然地成為我的心理利器：它經常防止我說話的節奏快到狂躁的極端，總在我說話的速度即將令人厭煩又無效益之前發揮作用。比較年輕的時候，我學習藉由放慢思考速度來防止口吃。現在，我利用口吃幫助自己放慢思考的速度。很幸運的，我和我成為和諧的搭檔。它所容許的速度範圍，和我偏愛的內在活動步調極為一致。

英國編輯及作家麥庫姆（Robert McCrum）敘述了一種最近突然闖入他生活中，方式則更為強迫的時間警報。一九九五年夏天，他在沒有任何預警的情況下患了中風而有嚴重的行動障礙，在一篇名為〈我的新、舊生活〉的短文中，他敘述放慢步調最初所造成的沮喪：

過去，我以完成事物的驚人速度聞名。所以，開始的時候這種對比造成極大的沮喪。我必須學習耐心。在英文中，patient一字的形容詞意義（耐心）及名詞意義（病人），都源自拉丁文中表示「忍受痛苦」或「持久」的字——patientia。根據定義，病人是「長期受苦」的人。

為麥庫姆做危險期後的復健準備時，一位醫師警告他說：他行動不便的身體將覺得這個世界是飛快的。他預測道：「你即將墜入速度的急流。」但是中風一年之後，麥庫姆卻發現時間生活改變的優點。他宣稱：「我已經成為慢速的朋友，它是一種觀念也是一種生活方式。」

如同梭羅的觀察，我們必須傾聽我們自己內心的鼓聲。某個人所謂的無聊，對另一個人而言可能是過度的刺激。我們時常聽到都市人談及「走出瘋狂的競賽」，彷彿這是城市居民共同的心聲。小城的青年則往往認為任何正常人都想「離開無聊的鄉村」以尋求更多的刺激。但是，環境步調對每個人的影響不同。研究顯示：快速及慢速的環境裏，都有急性子和慢性子的人。這證明最重要的藝術是：在自己和環境之間找到健康的契合點。

人與環境的契合研究

人與環境的契合程度，取決於這個人在居住城市及國家的休閒、社交及工作生活中得到多少樂趣。如果你傾向高活動程度並偏愛快速的環境，最好尋找時間壓力高的工作及步調快的地方。如果你偏愛比較慢的生活步調，狂速的工作及城市可能是死亡之吻（這可能是真實的寫照）。

密西根大學社會研究所的蓋柏南(Robert Caplan)及法蘭屈(John French)等人的重要研究指出：人與環境的契合，所可能造成的一些廣泛影響。蓋柏南等人針對橫跨二十三種白領及藍領工作的二千多位男性，測量他們的壓力與緊張程度。他們發現：最能預測工作壓力的因素，是工作者個人性格與工作特質的契合程度。由這種契合程度來判斷心理壓力，比個人職業或個人性格來判斷還更適切。換句話說，這兩者的契合程度比單獨考慮工作的客觀性壓力更為重要。實際上，如果把人與環境契合的因素考慮進去之後，二十三種職業的工作壓力可說是沒有差別。每個人對工作的滿意程度、工作量的多寡、無聊、憂鬱、焦躁及易怒程度，都和他與環境契合的程度密切呼應。這些發現特別值得注意的是：它們指出增加工作滿意程度的可行方向。雇主雖然不能控制某種工作的特質，但他們能依據員工的性格而決定誰做什麼工作。

生活步調與冠狀動脈心臟病的關連，也能由人與環境契合與否的角度來瞭解。由於快步調的地方與快步調的人口，都具有比較高的冠狀動脈心臟病罹患率，我們可能會預期住在A型性格地區的A型性格人士最可能罹患這種病症。但是，如果我們認定所有的個人都會遵循自己所屬文化的型態，則未免概括過度。跨文化心理學家稱之為生態性的謬誤(ecological fallacy)。A型環境對每個人的影響各不相同。即使最早共同提出A型性格概念的羅森曼(Ray Rosenman)，也主張在預測冠狀動脈心臟病的時候，人與環境的因素必須同時考慮在內。他認為：B型環境中的A型個人，及A型環境中的B型個人，風險才最高。

在密西根大學的研究中，A型性格指數最高的職業是學術行政人員。大部份大學的學術行政人員是由教授中選派出來的。學術行政人員的工作生活通常是快步調的，並且工作期限壓力很大。教授，則比較能控制他們的時間。但是，密西根大學的研究發現：學術行政人員所感受的時間壓力，不一定高於教授同仁。這可能是因為被A型行政工作吸引的教授，通常具有A型性格。因此，這類工作的時間需求正好是他們的營養劑。同樣的，酷愛華爾街忙碌的紐約人，最好還是留在原地。

冠狀動脈心臟病仍然是美國人最大的單一死亡原因。飲食、抽煙及高血壓等傳統危險因素(但非A型)，死亡率頂多只及百分之五十。依此推論，人與環境的時間契合度在其餘的百分之五十中似乎佔有相當的份量，值得我們努力調和這種匹配。

伊利諾州大學心理學家麥桂斯(Joseph McGrath)等人做了個「社會拽引」(social

entrainment）研究，提出一個瞭解人與環境關係的爭議性理念。麥桂斯的拽引觀念借自生物學，指的是某個時間節奏被另一個時間節奏所吸收並調整的過程。例如，一群鳥之所以會成為鳥群，就是藉由拽引而成：每一隻鳥都利用微妙的感官調整機制來探查環境訊號，然後做出必要的調整，而適應這種特定的飛行隊伍。同樣的，結群的野獸，也藉由調合彼此的節奏而形成一個獸群。在人類的道路上，汽車駕駛人能以高速長距離行駛而不相撞（在多數情況下），也是相互拽引的作用。麥桂斯等人的實驗顯示：從工作速度到社會接觸的節奏，各式各類的情況下都會出現拽引的作用。

拽引的可能，引發了許多疑問。人們對一個自己不適應的時間環境，可以調整的彈性到底有多大？反之的狀況，又如何？到底在什麼狀況之下，最可能發生拽引作用，且其效果又會最大？什麼樣的人最適合進行時間調整？我們能不能設計一些環境，可以因應其居民所喜好的時間節奏而自我調整？

拽引的可能，強調我們要調整自己和周圍其他人節奏的重要性。如果我們期望達到榮格所謂的「一致性」或「協同性」（synchronicity），人與環境關係的等式中，等式兩邊都必須具有時間彈性。

心理雙性人

人格心理學中有一個有趣的觀念稱為「心理雙性人」（psychological androgyny）。傳統的心理性別研究，視男性及女性性格為兩極的對立。早期的研究發現：具備「男性」性格的人比較可能在需要有果斷力之類的職業獲得成功，具備「女性」性格的人則容易在需求關愛及情感表達等特質的職業中脫穎而出。由於長期以來大家一直把職業上的成功視為和男性類型的技巧有關，這種刻板觀念迫使許多職業婦女對她們的女性特質產生疑慮：她們的事業愈成功，她們愈覺得自己被視為男性甚於女性。

但是，以珊卓•班姆(Sandra Bem)及珍妮特•史班斯(Janet Spence)等為首的新生代（女性）社會心理研究，向「女性在傳統男性活動中競爭的能力必定會危及其女性特質」的觀點提出挑戰。她們發展了心理雙性人的觀念。心理雙性人的性格庫裡，綜合了傳統男性（例如主見強）及傳統女性（例如關愛）的特質。心理雙性人並不是介於極端男性與極端女性之間的心理中性人，而是兼具強烈的男性與女性特質，並能隨意支配這兩者的男性或女性。

一些研究證明了心理雙性論的價值。雖然男性類型的人在傳統「男性」職業的表現較出色，女性類型的人在傳統「女性」職業中表現優越，實驗結果顯示心理雙性人（不論是男士或女士）具有同時擅長男性與女性工作的傾向。例如，男性及雙性性格的人，都比純女性性格的人更能抗拒團體壓力；女性及雙性性格的人都比純男性性格的人更擅於幫助同學解決問題之類的工作。雙性及女性性格的人（不論是丈夫或妻子），也比較可能擁有幸福的婚姻。換句話說，雙性性格的人往往擁有兩個世界的優點。

生活步調是以雙性型態在移動的。「問題不光是你住在那一樓，而是你在生命的談判過程中，總共能進入幾個樓層。」研究超個人(transpersonal)的心理學家威伯(Ken Wilber)

如此形容。許多情形最好以快步調的時間方式處理：迅速、準時、以未來為導向、視時間為金錢。其他生活範疇則比較適合以較緩和的時間態度去面對。時間庫存裡混合了兩種模式的人或文化，比較能應付各種情況。具有多元性時間模式當然更好。雷夫金談到「時間貧民窟」(temporal ghetto)的危險。時間模式僵硬、狹隘的人，缺乏決定自己未來及政治命運的必要準備。多元性時間模式則是脫離時間貧民窟的工具。如果你有能力依據情況需要而迅速行動，在壓力停止時就放鬆並瞭解時間之多元性，也許就掌握「何種生活步調是最好的」這個問題的真正答案。如同慕福特所說的：

雖然我們面對外在時間壓力的時候，最初的反應通常是減低速度，但究竟的解脫之道還在於找到每一種活動的適當速度及節拍。簡而言之，音樂創作所依據的並不是節拍器精準、固定的速度（這只是初學者的工具），而是根據人的需要及目的調整速度，找到每一片段最適合的節奏。生活中的時間掌握也是如此。

如同心理雙性人，真正多元時間的人及文化並不是把一切平均分配，而是有能力根據需要加速或放慢速度。因此，密西根大學的研究有另一項重要發現：不論所從事的職業是什麼，個人彈性（對立於僵硬性）是對抗壓力與對工作不滿的有效緩衝因素。工作努力有成，但是也懂得如何放慢步調去享受果實的歐洲人，正是具有這種多元性時間模式的人。快慢都擅長的日本勞工也瞭解這種技巧。這並不表示所有的歐洲及日本勞工都精通於多元性時間。相反的，研究數據指出：在這些國家，有許多人為他們的快速生活步調付出相當高的代價。西歐是全世界冠狀動脈心臟病罹患率最高的地區之一，自殺在日本是一項嚴重的問題，兩者都不是偶然的現象。但是，這些文化的傳統價值觀都蘊涵著闡明控制時間之道的秘方，等待敏銳的個人去應用。

作家歐慈(Joyce Carol Oates)寫道：「時間是我們存在於其中的因素……我們或者隨順而活，或者溺斃其中。」如何保有足以維持舒適生活的生產力、將達到此種目的時間壓力降至最低，同時還能投注時間來維護人際關係及文明社會，是多元性時間的挑戰。

流浪的真諦

最後一則故事。在規劃後來演變成長達十二個月的環球之旅的過程中，我遇見的每一位經驗豐富或備感沮喪的旅行者，都給了我一些忠告。告誡的內容包羅萬象，從絕對必須參訪或避免之地的名單，到飲用地方清水足以引發嚴重病變的警告，不一而足。但是，有一個最有先知意味的忠告，卻來自一個完全意想不到的出處。當時，我嘴巴塞著討厭的牙醫道具，無奈地躺在治療椅上，那位話不太多的牙醫師說道：「我出過一次國。你會更了解自己。」除了牙齒問題之外，這是我們之間最長的一段談話。

他說得一點也沒錯。一年之後，在浪跡過三大洲、二十個左右的國家、遍訪中國萬里長城與耶路撒冷哭牆之間的觀光勝地、蒐集從此成為我專業研究焦點的多國數據之後，我帶回家的主要收獲是新觀點。

其中，最持久的觀念，繼續對我的生活方式有深厚影響的觀念，似乎總是和時間這個主題有關。當人們旅行相當長一段時間之後，他們似乎會在某個時間點轉入「流浪客」(transient)的意識。在我接觸過的大多數旅行者的經驗中，這種轉變大約發生在出發後第三個月左右。從那以後，一星期中的日子、甚至一年中的月份（尤其是對追尋溫暖氣候的人而言），就再也沒有什麼差別了。對未來的期許和計劃，開始萎縮成不存在的事物。

長期旅行涉及一些頻繁、迅速又往往相當戲劇化的變化：早餐吃到一半的時候，決定在中午之前收好行李、動身到另一個國家；一段似乎相當親密的關係驟然落幕，因為一方希望往東走，另一方則堅持往西去。它似乎蘊含著某種特殊的力量，使人別無選擇，只能過一天算一天。這種力量是如此的強烈，讓人覺得這是一種生理更甚於意志力的選擇。我在這方面有親身經驗：在每一次漫長的旅程之後，體力上的疲憊讓我既無法思考未來也無法思考過去。這並不是因為我已超越時間或進入禪宗「安住於當下」的境界。實情往往是我已精神恍惚了。這是時間模式不明確的過渡狀態(temporal limbo)。在此之前我幾乎一直都是以未來為導向的人，而且我的未來往往是依隨別人的期望而定的。覺察到自己無法專注於明天將發生的事情（即使那是我已經期待好幾個月的事，例如，初訪有名的埃及大字金塔），是一種幾近滑稽的經驗。但是，這卻的確是我自己當時的時鐘節奏。如同哲學家賀德(Johann Herder)所說的：「一切無常的事物都有『它自己的』節拍。」

所以，當我回到家時，我是以流浪漢的意識準備重任大學教授的角色。我的智識暫時無法借我使喚，而且一些文化震撼的因素使我感到非常迷惑。許多長期旅行者都說：返家的震撼往往比離家的震撼更猛烈。我相信這是因為我們帶著一項危險的幻想返家：回到家之後，我就可以放鬆、不需要辛苦地和連綿不斷的變化對抗了！（在英文中，「旅行」〔travel〕一字和法文表示辛勞與苦行的〔travail〕有關，並不是沒有理由的！）然而，社會心理學家指出：人們往往是在自以為不會受到傷害的幻覺中，最容易受到傷害。

我一面走向大學的辦公室，一再竭盡所能地使自己看起來像「契普斯先生」（譯註：Mr. Chips，電影中典型的英國教師，終身奉獻於教育工作），但是我內心的感覺，卻比較像是大夢一覺的李伯。我很恐懼，我害怕回家。不是湯瑪斯‧沃夫(Thomas Wolfe)所指的那種畏懼，而是擔憂我無法重新扮演我的專業角色。而突然間，彷彿換上新燈泡一般，我覺得自己的心識如同電影中常見的形象一般，轉形變回十二個月前站在同一地方、被時間推動的我。一切屬於「勒范恩教授」的工作似乎都狂奔而至，我知道我必須做什麼，而且也知道應該在何時及何地做。我不在的這一整年，我就任的大學仍然運作正常，謝天謝地！此時，我的未來又再度以驚人的速度填滿「應該」及「必須」做的事。我的時間表擠得毫無空隙。

我內心有一部份歡迎這種結構及常態。但是，抗議回家就得把嬰兒連同骯髒的洗澡水一起丟掉的聲音更大。我真的必須壓抑我所經過的這一切改變嗎？在一個難得的安寧時刻，這個聲音命令我離開辦公室把事情想清楚。

當我能以超然的角度去考慮我的狀況時，我突然覺悟到我的文化震撼只是一種過渡狀態，是兩種生活模式之間的橋樑：一邊是見機行事、過一天是一天的長期旅行生活方式，另一邊則是依時間表行事、緊湊有序的專業生活方式。實際上，我被自己所研究的兩種時間模式的力量夾在中間。這或許只是尚未消化的尼泊爾咖哩的作用，但是，我不斷地想到《西藏度亡經》。這是一本藏傳佛教的典籍，教導人們如何以意識控制臨終、死亡及轉世再生的過程。此書解釋道：死亡是此生和不可避免的來世之間的過渡狀態（佛菩薩是例外）。人們必須以謹慎、正確的態度面對它，因為它同時也是塑造來生種種特質的珍貴機會：

錯過良機是短見，空手而回是錯誤。——《西藏度亡經》

我覺得自己彷彿走在今生與來世之間。我現在的責任是：發現我可以從即將脫離的生命中保留什麼，以提升即將步入的生命。在那一瞬間我得到一項相當簡單，卻改進了我生活的結論：我正面臨一個希有的機會，可以打破一些無益的習性與衝動之循環。我決心每當發現自己在重複旅行之前的活動，不論是職業上的工作，例如和學生約談、上課或寫研究報告；或是社交活動，例如，和同事出去吃午餐、和熟人寒喧、接聽電話，我都要注意觀察自己是否有不安的感覺。如果有的話，我會停下來問自己兩個問題。首先，這是我絕對「必須」做的事嗎？第二，這是我「想要」做的事嗎？除非其中一項的答案是「是」，否則我將不會在這種事情上投入時間。

在往後的幾個星期，我強制自己回答這些問題。我發現「必須」類的問題，答案大都是「不」。當然，負面答案出現的頻率高過我的估計。我也知道我說「不」的頻率或許高過一般人。但是，我很幸運能擁有一份個人主控權相當高的職業。那時候，我也沒有婚姻或養育兒女的責任。可是，我還是不免覺得驚訝，沒有我的參與，我的同事及友伴還是能照常做好工作或過好日子。第一項問題的常態性答案「不」，使我必須依第二次準則評估我的選擇。在這方面，我很驚訝「是」出現的次數之多。最出乎意料的是：我多麼經常選擇參與一些相當平凡無奇的事。

在經過這些程序及過渡時期之後，我覺得自己對生活有比較多的主控權。這種感覺一直持續到今天。我體會到我的時間真的是「我的」時間。即使我的生活步調和大家一樣經常受到周圍環境的影響，但我們顯然都可以擁有更多的控制。我也看清另一基本的真相：我們的時間就是我們的生命。如同麥爾斯・戴維斯(Miles Davis)所說：「時間並不是主要的關鍵，而是唯一的關鍵。」我們如何組織及利用時間，最終將決定我們這一生的特質及品質。把握對時間架構的主控權，是我自己對此生的定義。如同《西藏度亡經》所說的：我們必須避免「耽迷於對此生無益的事」。

這是我從研究其他文化的時間感覺當中，得到最大的收穫。再次借用班克斯對霍桑筆下威克費先生的印象：我搬出了我的房子，而當我驀然回首時，這就是我看到的。如此而已。這也許稱不上是「本覺的明光」，西藏佛教徒在進入死亡階段所尋求的明光，但是，我知道從此之後，我的時間比從前更屬於自己。

時間地圖：不同時代與民族對時間不同的解釋 /
勞勃・勒范恩(Robert Levine)著；馮克芸,
黃芳田, 陳玲瓏譯. -- 初版. -- 臺北市：臺
灣商務, 1997[民86]
面； 公分. --(Open；1 / 2)
譯自：A geography of time: the temporal misadventures of a social psychologist, or how every culture keeps time just a little bit differently
ISBN 957-05-1424-8(平裝)

1. 時間 2. 文化 - 比較研究

164.5 86011663

OPEN系列/讀者回函卡

感謝您對本館的支持，為加強對您的服務，請填妥此卡，免付郵資寄回，可隨時收到本館最新出版訊息，及享受各種優惠。

姓名：＿＿＿＿＿＿＿＿＿＿＿＿＿＿ 性別：□男 □女

出生日期：＿＿＿＿年＿＿＿＿月＿＿＿＿日

職業：□學生 □公務（含軍警） □家管 □服務 □金融 □製造
□資訊 □大眾傳播 □自由業 □農漁牧 □退休 □其他

學歷：□高中以下（含高中） □大專 □研究所（含以上）

地址：＿＿＿＿＿＿＿＿＿＿＿＿＿＿＿＿＿＿＿＿
＿＿＿＿＿＿＿＿＿＿＿＿＿＿＿＿＿＿＿＿

電話：（H）＿＿＿＿＿＿＿＿＿（O）＿＿＿＿＿＿＿＿＿

購買書名：＿＿＿＿＿＿＿＿＿＿＿＿＿＿＿＿＿＿

您從何處得知本書？

□書店 □報紙廣告 □報紙專欄 □雜誌廣告 □DM廣告
□傳單 □親友介紹 □電視廣播 □其他

您對本書的意見？（A/滿意 B/尚可 C/需改進）

內容＿＿＿ 編輯＿＿＿ 校對＿＿＿ 翻譯＿＿＿
封面設計＿＿＿ 價格＿＿＿ 其他/＿＿＿＿＿＿＿

您的建議：＿＿＿＿＿＿＿＿＿＿＿＿＿＿＿＿＿＿
＿＿＿＿＿＿＿＿＿＿＿＿＿＿＿＿＿＿＿＿
＿＿＿＿＿＿＿＿＿＿＿＿＿＿＿＿＿＿＿＿
＿＿＿＿＿＿＿＿＿＿＿＿＿＿＿＿＿＿＿＿
＿＿＿＿＿＿＿＿＿＿＿＿＿＿＿＿＿＿＿＿

臺灣商務印書館

台北市重慶南路一段37號 電話：（02）3116118・3115538 讀者服務專線：080056196
傳真：（02）3710274 郵撥：0000165-1號 E-mail：cptw @ ms12.hinet.net